"十二五"国家重点图书出版规划项目

湖南省重点图书资助项目

湖南省法治文化精品项目

如何当好调解员系列丛书

主 编◎谢 勇 廖永安

社会转型期人民调解制度研究

以人民调解的行政化为分析重点

SHEHUI ZHUANXINGQI RENMIN TIAOJIE ZHIDU YANJIU

YI RENMIN TIAOJIE DE XINGZHENGHUA WEI FENXI ZHONGDIAN

侯元贞 著

湘潭大学出版社

“法治湖南建设与区域社会治理”协同创新
中心平台(矛盾纠纷化解与区域社会治理)建设成果

国家社科基金重大项目“构建全民共建共享的社会
矛盾纠纷多元化解机制研究”(15ZDC029)阶段性成果

“如何当好调解员系列丛书”编委会

总　序

调解，亘古绵延，传承至今，不仅是中华民族的优良传统，也是享誉世界的纠纷解决之“东方经验”。在长达数千年的历史长河中，调解不仅是外显于传统社会的治理模式，也是内嵌于淳朴人心的处事习惯与生活方式；不仅是人们定纷止争的理想选择、思维习惯，也是为人们所称颂的息事宁人、和睦相处的传统美德。更为弥足珍贵的是，源自于东方的调解文化，在发展和传播的过程中，其理念和价值早已为域外文明所接受，成为西方话语主导下的现代司法体系中一个难得的东方元素和中华印记。

穿越数千年，历久而弥新。发源于传统中华文化，扎根于现代司法体系中的调解，在社会转型、矛盾凸显的历史新时期，俨然已成为社会和谐稳定不可或缺的降压阀、消火栓。当前，我国正处于经济社会发展的重要战略机遇期和社会矛盾凸显期，维护社会和谐稳定的任务艰巨、繁重，构建人民调解、行政调解、司法调解“三位一体”大调解格局，已成为推进社会矛盾化解、推进社会治理创新的重要抓手，成为多元化纠纷解决机制中的重要一环。然而，在时代赋予调解更多使命，在社会寄予调解更高期待的同时，调解能否承载起这样的使命，能否满足这样的期待，却还是一个值得探讨和反思的问题，以至于无论是在学术界，还是在实务界，依然还存在不少争议。盖因为调解理论研究及规范建设的相对滞后，使调解的价值局限于传统的小圈子里，使调解的作用止步于调解员的个人经验前，调解的体系化、规则化、标准化建设亟待加强，影响了调解价值理念的广泛认同以及功能作用的充分发挥。以调解员的培训为例，作为调解的主体力量，目前活跃在人民调解、行政调解、司法调解战线上的调解员数以百万计，但是，调解员队伍建设缺乏强有力的理论指导和体系化的培训支撑。调解员队伍规模很大但素质参差不齐，调解程序因地制宜但缺乏必要的规范，调解方法灵活多样但主要囿于直接经验。因此，建立科学、系统、规范、实用的调解员理论体系和调解员培训体系，已经是调解事业可持续发展的关键瓶颈，亟待各方重视，抓紧解决。

经由近年来中外法律的交流，我们已经了解到，在调解这一领域，不少后发国家，调解的学科化或科学化发展趋势十分明显。社会学、心理学、神经学等研究成果在调解领域的广泛应用，不仅大大提升了调解的科学化水平，还使调解成为了一门新兴的综合学科。体系化、标准化的调解课程不仅是调解员培训必修的课程，也成了法学院学生的常规课程。调解学科的兴起，还催生了一个行业或职业。在一些国家，调解已经商业化，成为了人们可以终身为业的一种职业。我们不得不承认，在调解的现代转型上，实际上在不少方面我们已经落后了。这也引起了我们的忧思，为何我们的文化传统在异域他乡就可以演变为一门学科、一门生意、一种职业呢？实用主义的引导与作用，或许是一个答案。而从技术层面而言，精细化的研究始终是一个不可逾越的基础。如果我们再不警醒，再不转变调解的研究方式，再不提升调解的精细化研究水平，长此以往，调解话语权的流失似乎是必然的，调解是否有可能成为又一个纯粹的西方话语呢？

基于这样的使命感，我们策划出版了“如何当好调解员系列丛书”。我们希望以“如何当好调解员”为切入点，一方面，对我国调解传统文化及其应用展开精细化的研究，探索调解由传统向现代转型的路径，努力掌握调解的话语权；另一方面，也希望抓住调解员这一核心要素，从调解经验总结、调解经典案例评析、调解社会心理学应用、调解策略梳理等多维度构筑我国调解员严密、科学的培训体系，为大力加强调解员队伍建设，全面发挥调解在促进社会矛盾纠纷化解、社会治理创新中的作用提供有力的智力支持。

本套丛书也是湖南省调解理论研究与人才培训中心推出的首项成果。2012年1月9日，在时任中共湖南省委书记周强同志的高度重视、亲切关怀、殷切期望下，湖南省司法厅与湘潭大学共建的湖南省调解理论研究与人才培训中心正式成立，旨在立足湖南、辐射全国、面向世界，在充分挖掘传统调解文化和开发本土调解资源的基础上，合理借鉴域外经验，综合借助法学、社会学、心理学、历史学等研究方法，大力推动法治框架下调解基础理论研究与创新，积极推进社会治理创新背景下调解人才队伍建设，力争为构建适应我国现代化进程和具有普世价值意义的调解话语体系作出一分贡献。

我们期待，这一套丛书的出版，能够为调解的理论研究和规范化建设添砖加瓦，也能够为吸引更多的人投身调解这项事业添薪加火。期待与您一路前行。

谢勇

二〇一二年元月十八日

（谢勇：湖南省人大常委会副主任，湘潭大学法学院名誉院长，教授、博士生导师）

目录

图表索引

第1章 导 论

1.1 选题的缘起和研究意义

1.1.1 选题的缘起

本书选题的确定经历了一个迂回曲折的过程。由于现代传媒技术的发达,也由于笔者所从事职业的缘故,使笔者关注到我国基层社会的纠纷图景以及多元化纠纷解决机制的建构与运行。在入学攻读博士学位的那个秋天,有幸参与了导师发起的"中美 ADR 国际研讨培训会议"。在培训期间,美国专家的讲课以及精心安排的游戏环节让人兴致盎然,更让人耳目一新的是他们所讲授的调解员在调解过程中的作用以及调解技术的运用等内容。在笔者的印象里,所谓调解就是调解员耐心地劝解当事人,是调解员利用自己的长辈身份或干部身份对当事人进行说服、教育甚至训斥,以化解当事人之间的矛盾纠纷。而美国的调解不但对我国原先已有的调解方式,譬如"背靠背"调解、"一把钥匙解一把锁"等,进行了更深入、更细致的解读,而且从调解理念、调解程序到调解技巧等方面,不但更深入细致,某些方面甚至是一种颠覆。在此启发下,笔者开始接触和研读有关中国传统文化甚至心理学的一些知识,解读我国的传统调解模式和调解技巧,并试图做出有建设性的贡献。

在《人民调解法》实施后的一周年之际,导师陪同上级领导一起到湘南某市就《人民调解法》的实施情况进行考察和调研,笔者也很幸运随同前往。在这一次调研中,笔者感受到了国家对人民调解的重视以及人民调解在我国当前社会治理中的重要作用。但是,让笔者困惑的是,在"维稳"语境中,人民调解的自愿性和自治性似乎已经旁落,其维护社会稳定的功能似乎已经超越了其原本的纠纷解决功能。带着此疑问,笔者此后又多次参加了导师带领的关于人民调解制度的实证调研。通过对多名调解人员和管理人员的访谈、调查问卷以及参与式观察等方式,笔者可以确定的是,在我国当前的“大调解”工作体系中,由行政机关相关职能部门主持或提供的调解服务都是以人民调解的形式运作的,最后达成的协议也都属于人民调解协议,具有《人民调解法》所赋予的法律约束力。那么,从性质上而言,这种由行政机关主持的调解究竟是行政调解还是人民调解?为什么会产生行政调解与人民调解的组织同形化?或者说,人民调解的行政化的生成机制是什么?它又会带来什么样的意义和后果?在实务中可以依据实用主义和策略主义的逻辑对这些问题不予深究和争论,但是,一种纠纷解决方式若想成为一种常规化和长效化的解纷机制,则必须解决基础性或根本性的问题。至此,相对于调解模式和调解技巧而言,更能激起笔者挑战欲望的是对我国人民调解的行政化进行解读和评析,为我国人民调解制度的改革和完善提供理论基础。

在这里还有必要说明的是,本书所指称的人民调解不只限于《人民调解法》规定的村、居调解委员会和乡镇、街道调解委员会的调解,还包括实践中其他的以人民调解形式运作的调解活动,包括专业性、行业性调解以及行政机关主持的调解。

1.1.2 研究意义

调解作为一种纠纷解决方式始于初民社会。在“皇权不下县”的传统帝制时期,基层社会呈现的是一种由传统伦理纲常维系整合的宗法礼治秩序,民间纠纷大多由乡绅、士绅和宗族长老主持调解。在毛泽东时代,人民调解得以萌芽和确立,并在整合和改造社会方面表现出强大的功能。改革开放以来,承载着“和合”文化与伦理价值的调解制度经历了改革开放之初的复兴、20 世纪 90 年代的衰落之后,21 世纪伊始,在国家法律和政策的推动之下,人民调解又成为改进基层社会治理方式的重要途径。中国共产党的十八届三中全会通过的《中共中央关于全面深化改革若干重大问题的决定》提出了“创新社会治理”的改革目标,凸显了多元主体合作共治的理念。相对于其他的纠纷解决方式而言,人民调解在改进基层社会治理方式、提高基层社会治理能力方面的比较优势主要体现在:其一,人民调解通过调解组织网络的全覆盖,可以在一些国家权力不及、政策失灵的领域,为人民群众提供经济便捷的权利救济方式,从而弥补国家公权力救济的不足。其二,基层人民调解组织通过了解社情民意、采集治理信息,有利于纠纷的排查、预防和化解,及时有效地把矛盾化解在基层。其三,自治性人民调解有利于在法治的框架内强化乡规民约、传统道德、行业规则的约束力,调节利益关系,规范社会行为,促进行业自治和社会自治,从而提高社会的自治能力。最后,人民调解过程的平和性有利于纠纷的友好解决，结果的互利性有利于及时修复业已破坏的社会关系，而价值的包容性则有利于缓和我国社会转型期的结构性矛盾。①

然而，现实与理想之间总是有着或大或小的差距。随着市场经济的发展，以及工业化、产业化、城镇化建设的推进，我国的社会结构转型，社会阶层之间的利益分化加剧，人们的思想观念也发生了深刻的变化。社会的转型也导致了社会矛盾积聚，纠纷多发，且具有新型化、多样化、激烈化等特点和发展趋势。在社会急剧转型的背景下，植根于我国传统社会的人民调解及其调解方式已无法适应社会的解纷需求。为了提高人民调解的解纷能力，充分利用体制内外的各种资源，在“大调解”工作体系中，人民调解已出现了行政化趋势，人民调解的自治性已遭受挑战。与其他国家的调解制度在发展过程中所遭遇到的困境一样，我国现行的人民调解也面临着该何去何从的问题。也就是说，在行政化与去行政化、制度化与非制度化、程序化与非程序化、职业化与非职业化之间，我国的人民调解必须做出自己的价值选择，以使立法与实践不再背离。

本书拟以人民调解的行政化为分析重点，对我国人民调解制度的运行模式进行解读和反思，试图回应人民调解制度发展的现行困境，并为人民调解制度改革的愿景和路径选择提供理论基础和实证分析。

1.2 研究现状

蕴含着丰富文化资源和实践价值的调解制度及其实践，吸引了法学界、社会学界、历史学界、人类学界乃至政治学界的众多学者的注意力，关于人民调解制度的研究成果可谓卷帙浩瀚，本书拟从现有成果所研究的主要内容的维度进行梳理与评析。

1.2.1 对我国传统调解的研究

对我国传统调解的研究主要以清代为主。有代表性的研究成果主要包括柯恩的《现代化前夕的中国调解》、黄宗智的《清代的法律、社会与文化：民法的表达与实践》、梁治平的《清代习惯法：社会与国家》、胡旭晟的《中国调解传统研究——一种文化的透视》、段自成的《明清乡约的司法职能及产生原因》等著作。

① 廖永安，侯元贞. 发展社会调解的现实意义[N]. 光明日报，2014-7-16.

柯恩认为,在20世纪现代化前夕的中国,大多数纠纷在地方团体内部得以解决。调解在纠纷解决中的重要性反映了中国人的哲学倾向,即儒家的价值观强调的社会秩序的稳定和群体的存续,主流社会规范强调的是秩序、责任、等级与和谐,并不重视个人权利。此外,人们对庭外调解的偏好也是因为诉讼耗时、耗资、官员腐败、无能等。庭外调解的范围主要为家庭内部的纠纷、族内争端、村庄内部的争端以及行会内的纠纷。①

黄宗智通过研究和分析清代的法律档案材料发现,法律制度的实际运作与官方表达存在"表达"与"实践"的背离。国家在人民面前摆出"父母官"的形象,但在实践中,多数纠纷则由庭外的社区和亲族调解解决。在此基础上,黄宗智指出在国家与社会之间存在一个既不属于民间社会、也不属于正式政府的"第三领域"。②这个"第三领域"是"诸如乡镇的乡保与村里正等县级以下行政职位的立足之处,是国家官吏与绅士领袖合作进行公益活动的地方"③,是以官批民调为形式的半官半民的纠纷处理地带。

梁治平在《清代习惯法:社会与国家》中,根据地方诉讼档案、刑科题本、人类学民族志中的相关法律材料,建构出传统中国社会调解运作的图景。④ 胡旭晟认为中国的传统调解体现了"息讼""德化"以及"和谐"等原则与精神。⑤

1.2.2 对新民主主义革命时期和计划经济时期人民调解的研究

关于中国的基层调解,高见泽磨认为,以"和为贵"的儒家传统思维脉络来理解中国解决纠纷对调解的偏好,仅反映出一半真理。法院与当事人能力的不足、纠纷的形态以及对纠纷的认识,使得中国的纠纷解决,无论是通过诉讼模式还是非诉讼模式,无论是在传统中国还是在毛泽东时代,纠纷解决都具有调解性,且都共享

① [美]柯恩. 现代化前夕的中国调解[A]. 载于强世功编. 调解、法制与现代性——中国调解制度研究[M]. 北京:中国法制出版社,2005:88-116.

② 黄宗智. 清代的法律、社会与文化:民法的表达与实践[M]. 上海:上海书店出版社,2001:107-130.

③ 黄宗智. 中国的"公共领域"与"市民社会"——国家与社会的第三领域[A]. 载邓正来,亚历山大编. 国家与市民社会——一种社会理论的研究路径[M]. 北京:中央编译出版社,2005:430-437.

④ 梁治平. 清代习惯法:社会与国家[M]. 北京:中国政法大学出版社,1996:148页以下.

⑤ 胡旭晟,夏新华. 中国调解传统研究——一种文化的透视[J]河南省政法管理干部学院学报,2000(4):20-35.

说理——心服模式。①

侯欣一通过对陕甘宁边区人民调解制度的缘起、推行及其基本内容的介绍，认为陕甘宁边区调解制度的推行和建立，是边区领导人、司法人员和民间三种力量博弈的结果，人民调解制度是边区大众化司法的一种具体表现形式。②

有许多学者从调解所体现的政治功能的角度来对人民调解制度予以考察。陆思礼通过分析毛泽东时代关于纠纷解决的意识形态以及纠纷解决的组织和样式，认为传统中国和共产主义时期的社会冲突观以及两者解决冲突的方式是相互对立的，共产主义时期已将调解纳入重新安排社会并动员群众执行党的政策的努力之中，使得调解的政治功能超过甚至掩盖了解纷功能。③ 强世功认为，人民调解强调国家对社会的控制和管理。人民调解组织是共产党在基层社会的权力组织网络的一部分，人民调解制度的实施和推广，调解中的语言、策略和手段，都服务于共产党治理社会的总体性要求。④ 杜赞奇也指出，压制性的人民调解不仅具有纠纷解决的功能，而且有助于传达和灌输政治意识形态，进而成为党和国家实施社会控制的手段。⑤

1.2.3 对改革开放以来人民调解的研究

对于改革开放初期基层调解的研究，学者们一般都注意到，调解作为一种纠纷解决方式，其政治功能已经开始向社会功能回归。作为对计划经济时期调解制度研究的延续，陆思礼意识到了改革开放以来调解制度的纠纷解决功能的回归，同时也指出了调解与法制之间的对立和争论。⑥ 傅华伶的研究则认为，由于经济体制改革和法制的兴起，以及与此相关的社会结构的转型和人们价值观念的变化，改革

---

① [日]高见泽磨. 现代中国的纠纷与法[M]. 何勤华，李秀清，曲阳译. 北京：法律出版社，2003：86－88.

② 侯欣一. 从司法为民到人民司法：陕甘宁边区大众化司法制度研究[M]. 北京：中国政法大学出版社，2007：259－312.

③ 陆思礼. 毛泽东与调解：共产主义中国的政治与纠纷解决[A]. 许旭译，王笑红校. 载于强世功编. 调解、法制与现代性——中国调解制度研究[M]. 北京：中国法制出版社，2005：117－203.

④ 强世功. 权力的组织网络与法律的治理化——马锡五审判方式与中国法律的新传统[A]. 载于调解、法制与现代性——中国调解制度研究[M]. 北京：中国法制出版社，2005：204－263.

⑤ [美]杜赞奇. 文化、权力与国家——1900－1942年的华北农村[M]. 王福明译. 南京：江苏人民出版社，1996：50.

⑥ 陆思礼. 邓小平之后的中国纠纷解决：再谈“毛泽东和调解”[A]. 载于强世功编. 调解、法制与现代性——中国调解制度研究[M]. 北京：中国法制出版社，2005：264－309.

开放以来调解制度的政治意识形态逐渐淡化,但也面临着调解在现代社会的普遍困境:人民调解委员会的合法性遭受到挑战及其纠纷解决能力的不足。① 学者郭丹青根据中国由计划经济向市场经济过渡的实际情况,提出一种以机构为中心的方法来考察中国的纠纷解决实践。他认为,"在中国,一般在'调解'名义下进行的机构设置和实践在纠纷解决的领域内非常重要。不过,同样明显的是,在中国所谓的调解与在有关非诉讼纠纷解决方式(ADR)的著作中所谓的调解是非常不同的。"②因为随着中国调解的制度化,调解已经越来越与审判相似,而调解的制度化同时也会导致其受国家控制,因为政府不允许不服从政府的组织存在,任何机构都应该遵循和执行国家规范。

21世纪以来,为了应对社会转型期纠纷解决的实际需要以及缓解诉讼压力,在国际上接近正义的第三次浪潮的影响和国家政策的推动下,中国的调解又走向了复兴之路,因此也吸引了各界不少学者的关注与兴趣,研究成果颇多。综观现阶段关于人民调解的研究成果,可以发现以下特点,即在著作类研究成果中,关于人民调解的专著并不多,大部分的著作是将人民调解作为多元化纠纷解决机制的一个重要部分加以阐述和分析的。另外,虽然知网上关于人民调解的论文繁多,但能搜索到的专门研究人民调解的博士学位论文只有4篇,除了已经成书出版的《转型期人民调解机制社会化运作》(陆春萍,2010)和《人民调解纠纷解决机制的法社会学研究》(宋明,2013)以外,另外两篇则是董小红的《和谐社会语境下的人民调解制度研究》(华中师范大学2011年博士学位论文)和梁宏辉的《人民调解的监管机制研究》(湘潭大学2013年博士学位论文)。

就研究内容而言,则主要集中在以下几个方面:

第一,当前很多关于调解的研究体现了学者们对当代中国法律现代性的学术关怀,关于调解的正当性及其与法治之关系的研究内容比较多见。如唐茂林、张立平在《论人民调解的价值》一文中通过论述人民调解的自由平等价值、正义价值、秩序价值、效益价值和民主价值,以论证人民调解的正当性及其与现代法治精神的契合性。③ 又如季卫东在《调解制度的法律发展机制》一文中,探讨了调解在法政策上的逻辑悖论及其背后存在的现实矛盾,并进一步将现实矛盾与法律判决的困

① 傅华伶.后毛泽东时代的人民调解制度[A].载于强世功编.调解、法制与现代性——中国调解制度研究[M].北京:中国法制出版社,2005:310-346.

② 郭丹青.中国的纠纷解决[A].载于强世功编.调解、法制与现代性——中国调解制度研究[M].北京:中国法制出版社,2005:427.

③ 唐茂林,张立平.论人民调解的价值[J].社会科学家,2009(6).

境联系起来，阐明了调解在法律发展中的作用，以探讨法制化与调解之间的连接点和连贯性。① 另外一些学者则从技术性层面对调解制度进行分析和实证研究，在法律现代性语境中对调解的实际运作状况进行分析与评估，并提出政策性建议，如范愉、王亚新、何兵等的作品中提出的观点。② 调解在法制现代化进程中具有一定的合理性与正当性，这已成为学界的主流认识，但也有少数学者对实践中泛滥的强制调解和官方主持下的调解保持警醒和戒备。例如，周永坤认为调解是不发达社会的产物，解放后我国调解的走俏是人治社会使然，因为强制性构成了对司法的冲击和法治基本价值的损害。③ 桑本谦认为官方主持下的调解为权威型调解，有其独特的运作规律，但存在依法调解与法律规避、个案合理性和普遍合理性、国家制定法与民间秩序、调解自愿与强制教化等结构性矛盾，并对调解实践中一些顾此失彼的做法提出了质疑。④

第二，许多成果的关注点为在全球化背景下我国(人民)调解体制的现代化转型问题。如王福华在《中国调解体制转型的若干维度》中指出："中国的调解发展应适应现代化纠纷解决需要，实现调解体制以下几个方面的转向：由国家调解转向社会调解；由精英调解转向职业化调解；由分散调解转向以司法为中心的调解。"⑤汤维建在论证了现代调解制度的指标性特征的基础上，对构建现代型中国特色调解制度进行了探讨。他认为现代调解制度的指标性特征包括：当事人的自治性和主导性；程序的本位性和公正性；调解主体的协同性和参与性；调解功能的复合性和前瞻性；调解过程的开放性和社会性，以及调解机制的一体性与协调性。⑥ 何文燕认为，为了应对人民调解制度在社会转型期所面临的挑战，在充分发挥人民调解的制度优势的基础上，还需更新调解理念，推进调解员的职业化建设，确立人民调解协议的司法审查制度等。⑦

---

① 季卫东. 调解制度的法律发展机制——从中国法制化的矛盾情境谈起[A]. 易平译. 载于强世功编. 调解、法制与现代性——中国调解制度研究[M]. 北京：中国法制出版社，2005：1－87.

② 范愉. 非诉讼纠纷解决机制研究[M]. 北京：中国人民大学出版社，2000. 范愉. 纠纷解决的理论与实践[M]. 北京：清华大学出版社，2007. 何兵. 现代社会的纠纷解决[M]. 北京：法律出版社，2003. 王亚新. 法律程序运作的实证分析[M]. 北京：法律出版社，2005.

③ 周永坤. 论强制性调解对法治和公平的冲击[J]. 法律科学(西北政法学院学报)，2007(3)：11－24.

④ 桑本谦. 官方主持下的调解——对陵县乡镇司法调解中心的法理学思考[EB/OL]. 2007－07－15，18：21：58. http://blog. sina. com. cn/s/blog_4dca34ff010008ux. html. 访问日期：2014－07－06.

⑤ 王福华. 中国调解体制转型的若干维度[J]. 法学论坛，2010(6).

⑥ 汤维建. 论人民调解制度的现代化转型[A]. 载于徐昕主编. 调解的中国经验[M]. 厦门：厦门大学出版社，2010：52－63.

⑦ 何文燕，张庆霖. 社会转型期人民调解制度面临的挑战与进路[J]. 湘潭大学学报(哲学社会科学版)，2014(6)：11－15.

第三,关于人民调解立法及其具体制度的研究。范愉认为,《人民调解法》的立法成就可概括为以下几点:强调了国家和地方政府对人民调解的责任;坚持了宪法对人民调解的基本定位;通过开放性的制度设计,为今后人民调解的多元化发展提供了空间;明确规定了人民调解协议具有法律约束力;有利于实现人民调解的现代转型。此外,人民调解工作又会面临一些新的挑战,主要包括人民调解组织的完善及其去行政化问题、调解人员结构问题、调解程序和制度设计方面的问题、实现民间调解组织的整合等方面的问题。① 在关于人民调解具体制度的构建方面,对人民调解协议效力和司法确认制度的讨论相对较多。如有学者认为有必要确立调解协议的司法审查制度②,有学者则认为可以通过公证的形式赋予人民调解协议强制执行力③,另外则有学者对人民调解司法确认制度的正当性问题进行了反思。如有学者认为:"随着中国法制化进程的深入,人民调解相较于法院诉讼并未丧失优势地位,不需要也不可能通过司法审查来提升制度约束力。再者,陌生人社会的全面降临、现代国家对私人领域的巨大侵蚀使得人民调解制度难以实现传统'和合'文化的自然复兴、解纷机制的多元互补。最后,法律是一种地方性知识,一种世界潮流并非必然适用于中国。面对中国现实,人民调解协议司法确认制度的正当性问题并非不证自明。"④

第四,社会治理视阈下的人民调解研究。近年来,随着社会管理理念的创新,人民调解作为基层社会治理的一种主要方式,已引起越来越多学者的关注。贺东航、孙敬良以云南一个村庄的调解卷宗为例,从组织结构、权力基础、行为过程三个角度来阐释其背后的权力塑造与输出,她认为在基层社会治理的视阈中,乡村调解不仅是乡土社会的纠纷解决工具,更是一种基层治理技术。⑤ 有些学者则对人民调解何以成为维稳最前沿的问题进行了考察。如温丙存基于贵州省桐乡的法人类学研究发现,人民调解是这样被逐步推向维稳最前沿的:首先,国家通过一票否决式的淘汰机制将乡镇政权吸纳到维稳中,赋予其维稳的职责、目标和任务;接着,乡

① 范愉.〈中华人民共和国人民调解法〉评析[J].法学家,2011(2):1-13.

② 何文燕,张庆霖.社会转型期人民调解制度面临的挑战与进路[J].湘潭大学学报(哲学社会科学版),2014(6):11-15.

③ 张颖宏.强制执行公证与人民调解协议司法确认制度比较研究[J].中国司法,2013(2):35-38.刘平,柯胥宁.公证赋予人民调解协议强制执行效力问题探讨[J].中国公证,2012(1):39-41.

④ 邓春梅.人民调解司法确定制度的正当性反思[J].湘潭大学学报(哲学社会科学版),2014(6):34-38.

⑤ 贺东航,孙敬良.基层治理视阈中的乡村人民调解制度——以一个村庄人民调解文本为例[J].社会主义研究,2015(04):104-109.

镇政权通过再造乡村关系,把维稳任务分解、下沉,将村庄拉进维稳治理中;最后,乡镇政权通过制度设计(即矛盾纠纷排查调处机制)和技术保障(即依附于村干部身份的调解员)来最终实现人民调解与维稳的"焊接"。[①] 李婷婷认为,我国传统民间调解的治理功能主要表现为纠纷解决功能、司法补充功能、基层社会整合功能和社会动员功能。并认为在新的历史背景下,随着国家与社会关系的整体调整,对新时期人民调解的治理功能进行了重新定位,即增强人民调解的纠纷化解功能,软化司法补充功能,提升社会整合功能和弱化社会动员功能。[②]

第五,关于调解程序和调解方法的研究。近年来,关于调解程序和调解方法的问题逐渐进入人们的视野,有关的成果也渐渐多了起来,关于调解程序和调解信息的保密性问题、调解员的中立性等问题都已被关注。例如,在范愉等人著的《调解制度与调解人行为规范——比较与借鉴》一书中就对调解人基本行为规范进行了讨论,其中就包括调解人的中立与公正、利益冲突规则以及保密原则与信息保密规则等问题。[③] 在廖永安主编的《如何当好调解员:中美调解培训启示录》中,对调解程序中的联席会议(面对面调解)、单方会谈(背靠背调解)、调解员的风格与策略以及如何打破僵局等问题进行了介绍和探讨。[④] 覃斌武则对中美调解的法律评估方法进行了比较研究,他认为强调法律评估的调解方法,从理论上讲,将很大程度上违背调解的对话性和过程性;从实践上而言,则会导致调解手段单一、调解与诉讼同质化等弊病,并指出,为了使调解回归本质属性,中国应当借鉴美国经验,尽量避免法律评估。[⑤]

在研究路径和研究方法方面,按照强世功的梳理,文化解释、社会功能分析以及权力技术分析,构成了学者们研究中国调解制度的三种范式或路径。[⑥] 从另外的角度而言,比较研究方法、历史考察方法、法人类学研究方法、法社会学研究方法是近年来学者们研究调解制度和实践常用的研究方法。

总之,所有相关的研究成果都为人民调解理论的丰富和人民调解制度的发展做出了贡献。如果说关于人民调解的理论是一座高楼大厦的话,那么这些既有研

---

① 温丙存.人民调解何以成为维稳最前沿——基于贵州桐乡的法律人类学考察[J].中国农业大学学报(社会科学版)2016(02).

② 李婷婷.社会治理视域下的人民调解[M].北京:人民出版社,2014:112-116.

③ 范愉,史长青,邱星美.调解制度与调解人行为规范——比较与借鉴[M].北京:清华大学出版社,2010:138-184.

④ 廖永安.如何当好调解员:中美调解培训启示录[M].湘潭:湘潭大学出版社,2012:32-68.

⑤ 覃斌武.中美调解法律评估方法之比较研究[J].湘潭大学学报(哲学社会科学版),2014(6).

⑥ 强世功.调解、法制与现代性——中国调解制度研究·导言[M].北京:中国法制出版社,2005.

究成果就从不同的角度和侧面,以不同的方式和强度照亮着这座大厦,并形成了一些共识。如,人民调解作为诉讼外纠纷解决方式的合理性与正当性,人民调解的自愿性、自治性、合法性以及调解程序的灵活性等。但无论如何,由于人类理性的有限性,这座“大厦”总有理性之光所不及之处,譬如实践中人民调解的行政化导致了人民调解性质和功能的混乱问题,虽然已被有些学者关注到①,但并未从理论上进行深刻的解读与反思。鉴于此,本书特以人民调解的行政化为分析重点,试图从理论上对这种实践逻辑进行解读和反思,以期为我国人民调解理论的丰富和人民调解制度的发展贡献自己的绵薄之力。

1.3 研究的思路和方法

1.3.1 研究思路

本书的整体思路是:分析人民调解制度的现状:立法与实践的二元表达,也即实践中的政府主导型人民调解与立法中群众自治性法律定位的背离——语境中的人民调解制度,也即解读人民调解缘何行政化——人民调解制度行政化运行模式之困境——改革愿景与进路。具体而言:

“现状分析”一章力图全面展现人民调解制度的立法特点和实践样态,并指出实践与立法的背离。首先,以《人民调解法》为主要依据分析我国立法中的人民调解制度,其法律定位是群众性和自治性的。其次,根据人民调解制度实践中所产生的工作数据,分析人民调解的调解机构情况、调解队伍情况以及调解案件情况。再次,分析“大调解”工作体系中的人民调解的地位和作用及其主要特征,即政府主导型人民调解。最后是展现行政化人民调解的实践样态,即正式权力的非正式运作。

“解读”一章力图从历时性与共时性角度分析政府主导型人民调解的生成逻辑。首先通过人民调解制度的历史考察,力图揭示在人民调解制度的历史变迁中,关于纠纷解决的意识形态、调解组织、调解功能以及调解方法等相关要素的断裂与

① 例如范愉认为,“人民调解的‘垂直扩展’,实际上部分地将行政权力(特别是司法所)引入了地域性的社区调解;由此提升了人民调解的功能和解纷能力,但也难免会导致其地位和性质上的某些混乱。”范愉.多元化协商性纠纷解决机制研究[A].载于冀祥德.协商性纠纷解决机制比较研究[M].北京:中国民主法制出版社,2010:523.

延续。其次,在对历史考察的基础上,从调解员在调解中的地位和作用的角度分析,指出我国的调解模式一以贯之地均为“调解员主导型调解”。再次,从文化心理基础、社会经济基础和权威来源等方面分析调解员主导型调解产生和存在的基础,意图阐明调解员主导型调解在历史上存在的必然性与合理性,也为下文分析社会转型所导致的调解困境埋下伏笔。最后,对现阶段我国政府主导型人民调解的运作逻辑进行解读,指出政府主导型人民调解的运作逻辑是策略主义的,并力图阐明“何谓策略主义”以及“为何策略主义”。

在“困境”一章中,意图通过对政府主导型人民调解的反思,说明人民调解制度之改革的必要性。首先,分析人民调解制度所面临的制度困境,即人民调解制度的内卷化问题,力图从人民调解工作的经费保障问题、人民调解队伍的稳定问题、调解人员的素质问题以及人民调解的解纷能力问题等方面予以阐明。其次,从社会转型的角度分析人民调解制度行政化运行模式之困境产生的原因,包括社会结构的转型、纠纷性质和类型的变化以及传统权威的“祛魅”。最后,在社会治理视阈中从司法权威以及政府社会治理权威的角度对政府主导型人民调解进行进一步的反思。

在“改革”一章中,首先,分析我国人民调解制度改革的现实基础,以阐明在城乡二元社会结构下,城镇地区和农村地区对纠纷解决有不同的现实需求。其次,在比较法视野下考察我国台湾地区、美国以及法国的调解制度,试图为我国调解制度的改革提供经验和启示。再次,提出我国人民调解制度的改革愿景,即从人民调解迈向社会调解。最后,分析人民调解制度可能的改革进路,即通过政府购买服务、吸纳社区精英以及整合民间调解组织的形式实现国家与社会的合作。

1.3.2 研究方法

“所谓的理论路径甚至理论范式不过是为了更好地理解问题而采取的方法和策略,重要的还是问题本身”①,而对某一问题的某一研究方法或某一研究视角其实只是对该问题特定角度的观察与解读。因此,虽然用某一种分析框架或理论范式来研究某一问题确实具有“简约之美”,但为了更全面地揭示和解读“人民调解之行政化”问题,本书将使用多学科知识的整合,将法学、社会学、政治学、管理学等学科的研究方法都纳入到本书研究方法的“熔炉”之中。具体而言,本书主要是

① 强世功. 调解、法制与现代性——中国调解制度研究[M]. 北京:中国法制出版社,2005:导言.

基于以下研究进路和研究方法展开对人民调解制度研究的。

1. 语境论的分析进路

根据苏力的观点,语境论的视角要解答的主要问题包括:“对于一种相对存在、因而可以认定曾经获得了当时当地人们之认可的法律制度或法律规则,应如何理解?应如何考察其历史意义,以及,更重要的是,如何恰当地审视着这些制度或法律规则与我们当下的相关性?”①“当考察一个具体的法律制度或规则时,这一进路的第一步是善意地力求重构这一制度或规则所针对的社会常规问题……这里的善意并不是假定制度创造者本人怀有善意,而是指研究者不要急于从道德上来指责、解释历史上的‘恶行’,而是努力地将制度视为对常规性社会问题的回应,即使这种回应可能是错误的、恶劣的。从认识论上看,这种善意也是今天的研究者理解的前提条件。第二步,当重构了问题之后,研究者必须再考查人民的自然禀赋、自然环境、社会生产力和科技发展水平以及资源等相对稳定的因素,以及这些因素对于志在解决这一常规社会问题的制度和规则选择的基本制约。第三步,不应当简单地将这种构建起来的正当化予以固化。必须认识到这种正当性只是一种构建,而未必是历史的真实,因此,在考查其他条件的同时,还要看看有无其他制度或规则可以更为恰当地解决我们今天善意重构的那个社会问题。第四步,法学研究者必须以类似的方式考查与某个法律制度或规则相关的当代的社会问题,考查支撑先前某法律制度或规则的诸多社会制约条件是否有重大到必须改变这一制度或规则的变化。第五步,一个负责任的法律研究者还有必要提出具体的制度和规则变化,并基于当下已发生的或有根据预期即将发生的社会条件变化来说明新制度的或规则的正当性。”②

因此,按照语境论的分析进路,本书的研究思路为:第一步,通过对人民调解制度立法和实践的分析,指出人民调解实践中的行政化与立法所规定的自治性之背离。第二步,通过分析人民调解制度的历史演变以及现实条件的制约,力图揭示出人民调解行政化生成和运作的内在机理和逻辑,也说明行政化的人民调解在一定社会条件下具有其合理性与正当性。第三步,试图阐明,随着社会的变迁和现实条件的嬗变,在新的历史时期,根植于传统社会的政府主导型人民调解已遭遇到严峻的挑战。第四步,基于当下的现实条件或者可预期的社会条件的变化,提出我国人民调解制度改革的愿景与进路。

---

① 苏力.也许正在发生——转型中国的法学[M].北京:法律出版社,2004:235-236.

② 苏力.也许正在发生——转型中国的法学[M].北京:法律出版社,2004:253-257.

2. 文献研究方法

文献研究法是本书的主要方法之一。本书的文献资料来源:一方面是来源于湘潭大学图书馆、超星百链云图书馆、超星电子图书、读秀学术搜索、中国知网、万方数据库、HeinOnline 数据库、Westlaw 数据库等中英文权威数据库;另一方面,笔者通过查阅各种报刊、书籍、业已公开的政府和社会团体的文献和数据、档案、史志以及调查单位的内部资料等,收集关于人民调解、基层调解、基层社会治理的相关资料。

3. 其他具体研究方法

除了对文献资料进行收集、整理、归纳和分析以外,本书相当一部分资料来源于实地调研。自 2012 年 2 月到 2014 年 10 月,笔者以及笔者所在的团队,依托"湖南调解理论研究基地"对湘南、湘中、湘西南等县市的基层调解(包括人民调解和法院调解)进行了一系列的实证调查研究,调研方式主要包括问卷调查、召开座谈会、对个人进行深度访谈以及参与式观察等。就本书而言,笔者主要运用的资料收集方法包括:(1)通过观察、召开座谈会、对人民调解员和有关主管部门的领导或相关人员进行开放或半开放式的访谈等方式收集有关人民调解的详细资料。在收集资料的基础上,采用质性研究的方法来分析资料,并通过理论概括,以形成对人民调解制度及其所存在问题的基本认识。(2)收集案例与个案分析。通过实地调研,笔者收集了大量的案例,对个案的分析主要集中在第二章的运行现状部分,其他章节的行文与论述中也会有所提及。(3)参与式观察。在调研地司法行政部门的领导和工作人员的帮助与安排下,笔者亲自参与了几起纠纷的调解。通过亲自参与纠纷的调解以及对调解人员和当事人的深度访谈,极大地加深了笔者对我国当前人民调解制度运行现状的理解,同时也激发了笔者对所存在的问题的反思。

第2章　我国人民调解制度的现状——立法与实践的二元表达

从某种意义上说，有时立法体现的仅仅是规范意图和价值取向，法律却表现为某种实践样态。本章拟从有关人民调解制度的法律规范、制度实施效果的数据统计以及在“大调解”工作体系中地位、作用和运行特征等方面进行分析，旨在全面展示我国人民调解制度的现状与特征。

2.1　我国立法中的人民调解制度

人民调解萌芽于第一次国内革命战争时期的工农运动中，在第二次国内战争时期逐步发展并初具雏形，新中国成立后，人民调解得以正式制度化。在总结新民主主义革命时期人民调解工作经验的基础上，1954 年 3 月 22 日，中央人民政府政务院颁布了《人民调解委员会暂行组织通则》，明确规定了人民调解委员会的性质、任务、组织、活动原则、工作制度和工作方法。这是我国人民调解制度发展的里程碑，标志着人民调解制度法律地位的确立，由此也确立了概念化的“人民调解”。

党的十一届三中全会以来，人民调解组织和人民调解工作得到迅速恢复和发展。1980 年，《人民调解委员会暂行组织通则》由全国人大常委会批准重新公布。1982 年 12 月 4 日公布实施的《中华人民共和国宪法》规定了作为基层群众性自治组织的村、居民委员会下设人民调解委员会。① 同年颁布的《中华人民共和国民事诉讼法（试行）》在基本原则中规定了人民调解委员会是调解民间纠纷的群众性组织，并接受基层政府和基层人民法院的工作指导。1989 年 6 月，国务院颁布了《人

---

① 《中华人民共和国宪法》第 111 条规定：“城市和农村按居住地区设立的居民委员会或者村民委员会是基层群众性自治组织。居民委员会、村民委员会设人民调解、治安保卫、公共卫生等委员会，办理本居住地区的公共事务和公益事业，调解民间纠纷，协助维护社会治安，并且向人民政府反映群众的意见、要求和提出建议。”

民调解委员会组织条例》,把人民调解工作推进到新的历史阶段。司法部根据《人民调解委员会组织条例》分别于 1990 年和 1994 年制定了《民间纠纷处理办法》和《跨地区跨单位民间纠纷调解办法》,对人民调解工作进一步加以规范。

21 世纪以来,伴随着纠纷化解和社会和谐等要求的出现,人民调解又被推到了新的历史舞台。2002 年 9 月 5 日最高人民法院审判委员会通过了《最高人民法院关于审理涉及人民调解协议的民事案件的若干规定》(法释[2002]29 号),明确了人民调解协议具有民事合同的性质。2002 年 9 月 11 日司法部颁布的《人民调解工作若干规定》(中华人民共和国司法部令[第 75 号]),进一步规范了人民调解工作,扩充了人民调解的组织形式。2007 年,司法部先后与最高人民法院、财政部联合发布《关于进一步加强新形势下人民调解工作的意见》《关于进一步加强人民调解工作经费保障的意见》,对推动人民调解的规范化、法制化建设以及财政保障提出了指导意见。2009 年最高人民法院发布了《关于建立健全诉讼与非诉讼相衔接的矛盾纠纷解决机制的若干意见》,进一步完善了人民调解等非诉讼纠纷解决方式与诉讼之间的衔接机制。为进一步发挥新时期人民调解工作在化解医疗纠纷、和谐医患关系、促进平安医院建设、构建社会主义和谐社会中的重要作用,2010 年 1 月 8 日,司法部、卫生部、保监会联合发布了《关于加强医疗纠纷人民调解工作的意见》(司发通[2010] 5 号)。2009 年下半年,公安部、司法部相关部门就人民调解委员会调解道路交通事故民事损害赔偿纠纷进行了先期试点,取得初步成效。为总结推广试点工作经验,全面推行人民调解委员会调解道路交通事故民事损害赔偿工作,充分发挥人民调解委员会在化解道路交通事故损害赔偿矛盾纠纷方面的积极作用,2010 年 6 月 23 日,公安部、司法部、中国保险监督管理委员会发布了《关于推行人民调解委员会调解道路交通事故民事损害赔偿工作的通知》(公交管[2010]29 号)。

2010 年 8 月 28 日,第十一届全国人大常委会第十六次会议审议通过了《中华人民共和国人民调解法》(以下简称《人民调解法》),自 2011 年 1 月 1 日起施行。《人民调解法》对人民调解委员会、人民调解员、调解程序、调解协议等进行了规定,从而将人民调解制度上升到国家法律的高度。

《人民调解法》颁布施行以后,为推进人民调解的发展,提升人民调解的纠纷化解功能,除了 2012 年修订的《民事诉讼法》在特别程序中规定了人民调解协议的司法确认程序外,最高人民法院、国家相关部委又出台了一系列的司法解释和部门规章。2011 年 3 月 21 日最高人民法院通过了《最高人民法院关于人民调解协议司法确认程序的若干规定》,就司法确认程序的管辖、范围、程序、效力等做了进一步的规定,正式确立了人民调解与司法的衔接机制。2011 年 4 月 22 日,中央社会治安综合治理委员会、最高人民法院、最高人民检察院、国务院法制办、公安部、司法部等 16 部门联合印发《关于深入推进矛盾纠纷大调解工作的指导意见》(综治委[2011]10 号)。2011 年 5 月 12 日,司法部发布了《关于加强行业性专业性人民调解委员会建设的意见》,以加强行业性、专业性人民调解委员会的建设,充分发挥人民调解化解矛盾纠纷、维护社会稳定的职能作用。为贯彻落实党的十八届四中全会决定关于"加强行业性、专业性人民调解组织建设"的要求,适应新形势下化解行业、专业领域矛盾纠纷的需要,维护社会和谐稳定,2016 年 1 月 5 日,司法部、中央综治办、最高人民法院、民政部制定印发了《关于推进行业性、专业性人民调解工作的指导意见》(司发通[2016]1 号),就推进专业性、行业性人民调解工作的重要意义、总体要求、组织建设、调解员队伍建设以及规范化建设等方面提出了具体的指导意见。

表 2-1　人民调解法律制度之发展一览表

年份	法 律 文 件	制 定 机 关
1954	《人民调解委员会暂行组织通则》	中央人民政府政务院
1982	《中华人民共和国宪法》	全国人民代表大会
1982	《中华人民共和国民事诉讼法(试行)》	全国人大常委会
1989	《人民调解委员会组织条例》	国务院
1990	《民间纠纷处理办法》	司法部
1994	《跨地区跨单位民间纠纷调解办法》	司法部
2002	《最高人民法院关于审理涉及人民调解协议的民事案件的若干规定》	最高人民法院
2002	《人民调解工作若干规定》	司法部
2004	《关于进一步加强人民调解工作切实维护社会稳定的意见》	最高人民法院、司法部
2007	《关于进一步加强新形势下人民调解工作的意见》	司法部、最高人民法院
2007	《关于进一步加强人民调解工作经费保障的意见》	司法部、财政部
2009	《关于建立健全诉讼与非诉讼相衔接的矛盾纠纷解决机制的若干意见》	最高人民法院
2010	《关于加强医疗纠纷人民调解工作的意见》	司法部、卫生部、保监会
2010	《关于推行人民调解委员会调解道路交通事故民事损害赔偿工作的通知》	公安部、司法部、保监会

续表

年份	法律文件	制定机关
2011	《中华人民共和国人民调解法》	全国人大常委会
2011	《最高人民法院关于人民调解协议司法确认程序的若干规定》	最高人民法院
2011	《关于深入推进矛盾纠纷大调解工作的指导意见》	中央综治委
2011	《关于加强行业性专业性人民调解委员会建设的意见》	司法部
2012	《关于修改〈中华人民共和国民事诉讼法〉的决定》	全国人大常委会
2016	《关于推进行业性、专业性人民调解工作的指导意见》	司法部等四部门

2.1.1　人民调解制度的主要内容——以《人民调解法》为主要分析依据

自改革开放以来，人民调解经过三十多年的发展，其法律渊源包括《宪法》、散见于其他法律中的相关规范、行政法规和部门规章、司法解释、地方性法规以及单行法《人民调解法》，已经实现了制度的繁荣与立法位阶的提升。作为我国第一部专门、系统地规范人民调解工作的法律，《人民调解法》也是对现有规定的一次梳理，先前与其抵触的有关规定自动失效，因此，《人民调解法》对于重申人民调解的定位和正当性、规范调解活动、完善调解制度等方面都具有重要意义。根据《人民调解法》第2条规定①，人民调解是指在人民调解委员会主持下，运用说服、疏导、教育等方式，促使当事人平等协商，在双方自愿的基础上达成调解协议，解决民间纠纷的活动。人民调解制度的主要内容包括：

在调解组织的形式方面，20世纪80年代中期，与政社分开的体制改革相适应，基层调解组织网络由三级构成，即在乡镇（街道）设立调解工作领导小组，在村民（居民）委员会下设人民调解委员会，在村民（居民）小组中设立调解员（调解小组）。1989年发布的《人民调解委员会组织条例》规定，除继续保留村、居民委员会

① 《人民调解法》第2条："本法所称人民调解，是指人民调解委员会通过说服、疏导等方法，促使当事人在平等协商基础上自愿达成调解协议，解决民间纠纷的活动。"

下设的人民调解委员会以外,企业、事业单位根据需要可以设立人民调解委员会①,从而使调解组织形式得到扩张和发展。随着市场经济的发展,为了满足纠纷解决的多元需求,2002 年,司法部发布的《人民调解工作若干规定》将人民调解的组织形式进一步扩大到区域性、行业性的人民调解委员会。2010 年出台的《人民调解法》第 8 条规定:“村民委员会、居民委员会设立人民调解委员会。企事业单位根据需要设立人民调解委员会。”《人民调解法》在重申了人民调解组织的形式的基础上,在附则中又规定:“乡镇、街道以及社会团体或者其他组织根据需要可以参照本法有关规定设立人民调解委员会,调解民间纠纷。”《人民调解法》通过这样一种授权性和开放性的制度设计,既明确了人民调解委员会作为群众自治性组织的定位,又回应了实践需求,为人民调解组织的多元化格局提供了发展空间。

在人民调解员必须具备的条件方面,根据《人民调解法》的规定,担任人民调解员须具备的条件为:公道正派,热心人民调解工作,具有一定文化水平、政策水平和法律知识。基层调解工作繁琐,任务繁重,调解程序的启动和调解协议的达成都得基于当事人的自愿,因此个人魅力就成了调解员顺利推进调解工作的重要资源。这就需要调解员在调解过程中具有耐心、细心和责任心,要不偏不倚,不得偏袒一方当事人,不得侮辱当事人,也不得收受、索取财物或谋取其他不正当利益。人民调解又是一项法律性、政策性很强的工作,要求人民调解员具有一定的法律知识和政策水平。随着社会的发展和人们对调解工作要求的提高,调解员需具备一定的文化水平势在必行,但是,这里的文化水平并不单纯指学历教育,还包括一些现代调解理念、原理、技巧和伦理规范。② 同时,调解是一种源于实践的经验和艺术,与调解员的个人经验、能力和性格魅力密切相关,因此《人民调解法》对调解人员的学历、职业背景等未作统一的过高要求,以适应人民调解的乡土性、群众性和多元性。

关于人民调解的调解范围,2002 年司法部发布的《人民调解工作若干规定》第 20 条规定:“人民调解委员会调解的民间纠纷,包括发生在公民与公民之间、公民与法人和其他社会组织之间涉及民事权利义务争议的各种纠纷。”第 22 条则从反面排除了人民调解委员会不能受理的两类纠纷,即:法律、法规规定只能由专门机关管辖处理的,或者法律、法规禁止采用民间调解方式解决的;人民法院、公安机关

---

① 《人民调解委员会组织条例》第 15 条:“企业、事业单位根据需要设立的人民调解委员会,参照本条例执行。”

② 范愉.〈中华人民共和国人民调解法〉评析[J].法学家,2011(2).

或者其他行政机关已经受理或者解决的。2010 年发布的《人民调解法》规定人民调解是解决“民间纠纷”的活动,但并没有就“民间纠纷”做进一步的界定。

关于人民调解的工作原则,《人民调解法》第 3 条规定:“在当事人自愿、平等的基础上进行调解;不违背法律、法规和国家政策;尊重当事人的权利,不得因调解而阻止当事人依法通过仲裁、行政、司法等途径维护自己的权利。”据此,可以将人民调解的工作原则概括为自愿原则、平等原则、合法原则、尊重当事人救济权利原则。自愿原则是指人民调解程序的启动、推进以及调解协议的达成都得尊重当事人的意愿,调解员不能将自己的意志强加给当事人,更不能采取任何强迫措施。平等原则包括两层含义:一是指纠纷当事人之间、当事人与人民调解员之间的法律地位平等;二是指调解员在调解过程中要对纠纷当事人一视同仁,平等保障纠纷当事人之间的权利。合法原则是指人民调解委员会受理和调解纠纷的范围、调解纠纷的依据、纠纷调解的程序和当事人权利义务的确定均不能违反法律、法规的禁止性规定,否则调解协议无效。尊重当事人救济权利原则是指当事人有权选择人民调解以外的纠纷解决方式,调解员应当尊重当事人的选择,不得强行阻拦。

《人民调解法》第 17 条至第 27 条对调解程序作了一般规定。根据《人民调解法》的规定,人民调解的启动方式有两种:当事人申请调解和人民调解委员会主动调解。可以由一名或数名调解人员对纠纷进行调解。纠纷调解人员的确定有三种方式:调解委员会指定;当事人选择;在征得当事人同意后,人民调解员可以邀请有关人员参与纠纷的调解。[①] 在调解过程中,人民调解员可以根据纠纷的不同情况采取多种方式进行调解,帮助当事人自愿达成调解协议。调解不成的,应当终止调解,并依据有关法律、法规的规定,告知当事人可以通过行政、仲裁、司法等途径寻求救济。

关于调解协议的形式,根据《人民调解法》第 28 条规定:“经人民调解委员会调解达成调解协议的,可以制作调解协议书;当事人认为无需制作调解协议书的,可以采取口头协议方式。人民调解员应当记录协议内容。”也就是说,调解协议的形式有两种:调解协议书和口头协议。《人民调解法》明确规定了人民调解协议具有法律约束力,并通过确立司法确认程序以保障调解协议的效力。

---

① 《人民调解法》第 20 条:“人民调解员根据调解纠纷的需要,在征得当事人的同意后,可以邀请当事人的亲属、邻里、同事等参与调解,也可以邀请具有专门知识、特定经验的人员或者有关社会组织的人员参与调解。”

2.1.2 人民调解制度的法律定位

根据《宪法》《人民调解委员会组织条例》以及《人民调解工作的若干规定》的相关规定①,人民调解组织的法律定位为群众性自治组织。这也决定了人民调解的群众性和自治性。

人民调解的群众性首先表现为人民调解组织是最广泛的群众组织之一。每一个村民委员会、居民委员会都下设人民调解委员会。为适应纠纷解决的多元需求,人民调解组织网络也呈不断扩张的趋势。2013 年度我国的人民调解委员会总数达 820,025 个,其中村委会下设的调解委员会数为 593,952 个,居委会下设的调解委员会数为 86,614 个,乡镇调解委员会数为 34,304 个,街道调解委员会数位 8,288个,企事业单位调解委员会数为 65,077 个,交通事故调解委员会数为 3,320 个,医疗纠纷调解委员会数为 4,121 个,劳动争议调解委员会数为 3,820 个,物业纠纷调解委员会数为 3,051 个,其他调解委员会数为 17,478 个(见图 2 -2)。② 人民调解的群众性还表现为由于《人民调解法》对人民调解员的构成、职业背景以及学历等未作过高的要求,因此我国的人民调解员具有广泛性和基层性。2013 年度我国的人民调解员总数为 4,229,061 人,其中村调解委员会人数为 2,891,301 人,占总人数的 68.36%;居调解委员会人数为 584,377 人,占总人数的 13.82%。③ 正是这些扎根基层的人民调解员,他们来自群众,了解和熟悉群众,通晓当地风俗习惯、乡规民约,这样就有利于纠纷的排查预防和调处化解。

人民调解的自治性首先表现在人民调解组织与地方政府和基层人民法院的关系方面。根据《人民调解法》的规定,县级以上地方人民政府的司法行政机关、基层人民法院对人民调解工作负有指导职责。司法行政机关负责人民调解工作的政策法规、发展规划、工作计划的起草与制定,人民调解员的培训、表彰奖励和日常工

① 《宪法》第 111 条规定了人民调解组织的法律地位:"居民委员会、村民委员会设立人民调解、治安保卫、公共卫生等委员会,办理本居住地区的公共事务和公益事业,调解民间纠纷,协助维护社会治安,并向人民政府反映群众的意见、要求和提出建议。"1989 年颁布的《人民调解委员会组织条例》规定:"人民调解委员会是村民委员会和居民委员会下设立的调解民间纠纷的群众性组织,在基层人民政府和基层人民法院指导下进行工作。"2002 年司法部出台的《人民调解工作的若干规定》规定:"人民调解委员会是调解民间纠纷的群众性组织。"

② 数据资料来源于司法部基层工作指导司编. 2013 年度司法所、人民调解、安置帮教工作发展报告[R]. 北京:法律出版社,2014:36.

③ 数据资料来源于司法部基层工作指导司编. 2013 年度司法所、人民调解、安置帮教工作发展报告[R]. 北京:法律出版社,2014:36.

作的指导等；人民法院通过审判活动对人民调解工作进行业务指导，并帮助提高人民调解员调解工作技巧。[①] 其次，人民调解的自治性还表现在调解依据和工作方法上。调解的目的是以平和、妥当的方式解决纠纷和维护社会秩序，调解的依据除了国家法律、法规、政策以外，还包括各种乡规民约、社区公约、行业标准、企事业单位规章制度等民间社会规范，调解过程和调解结果只要不违背国家法律的禁止性规定，均为合法调解。

2.2　数据统计意义上的人民调解制度

统计学是“用以搜集数据、分析数据和由数据得出结论的一组概念、原则和方法”。[②] 研究人员通过合理、灵活地应用统计学原理和方法，可以从数据中充分提取信息，进而解释事物的客观规律。人民调解工作的数据统计则是按照统计设计的要求，人民调解的各项工作所产生和形成的、可以反映人民调解基本概貌的数据。这些指标（indicator）项通常包括调解机构、调解人员、调解案件等方面的情况，本书主要以《人民调解法》实施之后，即 2011 －2013 年度的人民调解工作所产生的数据为分析依据。

2.2.1　调解机构情况

我国的人民调解组织即为人民调解委员会。自 1982 年至 2013 年，人民调解委员会总数的变化跳跃性不大，但也可以分为几个时段，即：1982 年，86 万个；1983 －1987 年，每年 90 － 100 万个；1988 － 1996 年，每年总数超过 100 万个；1997 －2001 年，每年总数又回落到 90 －100 万个；2002 －2013 年，每年总数则都稳定在 80 －90 万个（见表 2 －2；图 2 －1）。

表 2 －2　1981 －2013 年我国人民调解委员会总数（个）情况表[③]

年份	总数（个）	年份	总数（个）	年份	总数（个）	年份	总数（个）
1982	860,049	1990	1,020,537	1998	983,681	2006	842,968

① 人民调解杂志社编委会.〈人民调解法〉解读[J]. 人民调解，2011(4).

② 吴喜之. 统计学：从数据到结论[M]. 北京：中国统计出版社，2006：2.

③ 资料来源：(1)朱景文. 中国人民大学中国法律发展报告. 2011[M]. 北京：中国人民大学出版社，2011：03 －304. (2)《中国法律年鉴》2000 －2013 年各卷；(3)司法部基层工作指导司编. 2013 年度司法所、人民调解、安置帮教工作发展报告[M]. 北京：法律出版社，2014.

续表

年份	总数(个)	年份	总数(个)	年份	总数(个)	年份	总数(个)
1983	927,134	1991	1,040,330	1999	974,100	2007	836,571
1984	939,561	1992	1,011,221	2000	964,000	2008	827,412
1985	977,499	1993	1,007,935	2001	923,000	2009	823,676
1986	957,589	1994	1,009,407	2002	890,600	2010	818,130
1987	980,325	1995	1,009,814	2003	878,000	2011	810,926
1988	1,002,635	1996	1,001,579	2004	853,300	2012	817,121
1989	1,006,040	1997	985,318	2005	847,090	2013	820,025

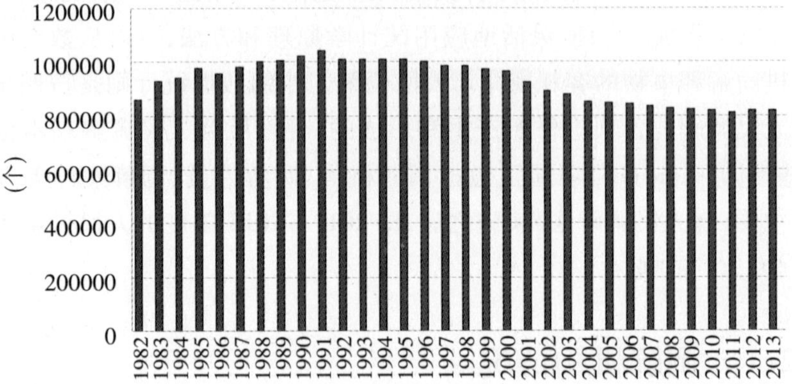

图 2-1　1981-2013 年人民调解委员会数量变化图(参照上表柱状图)

2011 -2013 年度人民调解工作统计数据显示(见表 2 -3)，人民调解委员会的构成至少具有以下特点：(1)调解组织的多层级化。即除了村(居)委会设的人民调解委员会以外，还设有乡镇、街道调解委员会，实践中甚至都设有县级调解委员会。[①] (2)专业性、行业性人民调解组织的出现且逐年增加。随着市场经济的发展，当代社会还需要根据纠纷类型、行业特点，建立多种专业性、行业性的纠纷解决机制。2011 年司法部《关于加强行业性专业性人民调解委员会建设的意见》出台后，各地加强了行业性、专业性人民调解组织建设。(3)村(居)调解委员会数在调解委员会总数所占比例最大。从统计结果看，2011 年村居调解委员会总数为 677,914个，占调解委员会总数的 83.6%（见图 2 -2）；2012 年村居调解委员会总

① 各地的县级调解委员会可能被冠以不同的名称，譬如被称为矛盾纠纷调处中心或者调解中心等。在数据统计中，县级调解委员会被归为“其他调解委员会”。

数为 681,069 个，占调解委员会总数的 83.3%（见图 2－3）；2013 年村居调解委员会总数为 680,566 个，占调解委员会总数的 83%（见图 2－4）。（4）从统计结果看，村居调解委员会数多于村居建制数，乡镇、街道调解委员会数多于乡镇街道建制数，村居调解委员会、乡镇街道调解委员会实现了全覆盖。

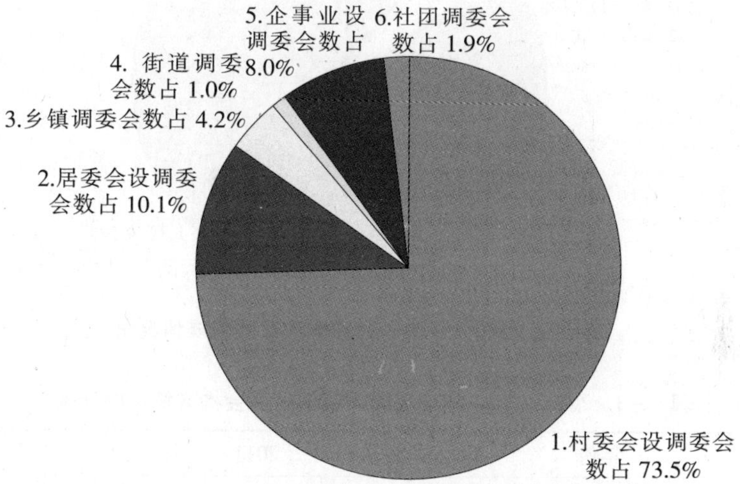

图 2–2　2011 年度人民调解委员会构成情况图

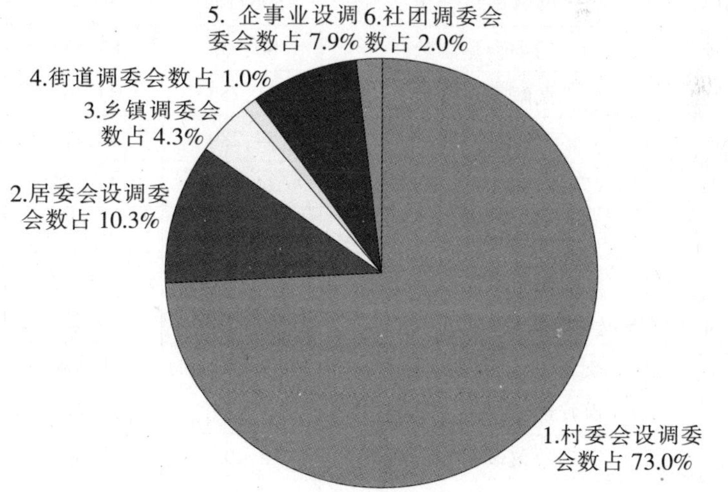

图 2–3　2012 年度人民调解委员会构成情况图

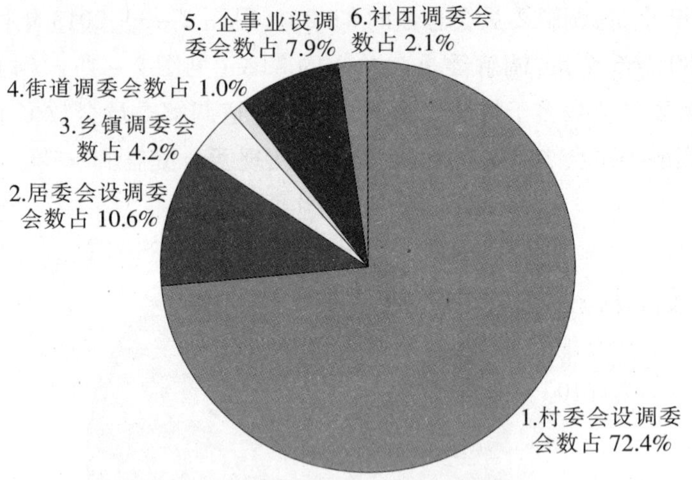

图 2-4　2013 年度人民调解委员会构成情况图

表 2-3　2011-2013 年度我国人调解委员会构成情况统计表①

年份		2011	2012	2013
调解委员会总数		810,926	817,121	820,025
村委会设调解委员会	村委会建制数	594,289	593,845	592,557
	调解委员会数	596,159	596,607	593,952
居委会设调解委员会	居委会建制数	80,955	83,572	86,075
	调解委员会数	81,755	84,462	86,614
乡镇调解委员会	乡镇建制数	34,289	34,476	34,199
	调解委员会数	34,332	34,772	34,304
街道调解委员会	街道建制数	7,574	8,160	8,074
	调解委员会数	7,759	8,484	8,288
企事业单位调解委员会数		65,194	64,217	65,077
社会团体和其他组织调解委员会	交通事故调解委员会数	2,552	3,065	3,320
	医疗纠纷调解委员会数	2,645	3,447	4,121
	劳动争议调解委员会数	2,495	3,185	3,820
	物业纠纷调解委员会数	2,314	2,743	3,051
	其他调解委员会数	15,701	16,147	17,478

① 资料来源:2013 年度司法所、人民调解、安置帮教工作发展报告[R]. 北京:法律出版社,2014.

2.2.2　调解队伍情况

根据统计结果(见表 2 - 4),可以得出人民调解的队伍构成具有以下特点:(1)村居调解委员会人数在总人数中所占比例大,2011 年、2012 年、2013 年三年的所占比例分别为 81.8%、82.3%和 82.2%。这支扎根基层的庞大队伍是化解矛盾纠纷、维护社会和谐的重要力量。(2)三年来,村调解委员会人数逐年减少,居调解委员会人数逐年增加。一减一增表明了我国城镇化建设的推进,以及农村富余劳动力向城镇的转移。随着在农村生活的人数的减少,村调解委员会人数也相应减少,居调解委员会人数则相应增多。(3)行业性、专业性人民调解组织的人数在逐年增加。(4)调解员因调解纠纷而伤亡是个值得思考的问题。调解员因调解纠纷而伤亡除了说明人民调解员在调解纠纷时需要提高自我保护意识以外,也直指我国当前人民调解的自愿性以及人民调解的功能。鉴于内容安排的需要,下文再对此问题进行分析。

表 2 - 4　2011 - 2013 年我国人民调解队伍情况统计表①

年份		2011	2012	2013
调解员总人数(人)		4,335,502	4,281,366	4,229,061
村调解委员会人数(人)		2,993,849	2,945,830	2,891,301
居调解委员会人数(人)		553,801	578,183	584,377
乡镇调解委员会人数(人)		274,640	270,675	267,029
街道调解委员会人数(人)		69,177	67,630	66,439
企事业单位调解委员会人数(人)		292,532	261,810	251,603
社会团体和其他组织调委会人数	交通事故调解委员会人数(人)	15,141	17,131	18,081
	医疗纠纷调解委员会人数(人)	16,778	22,016	25,955
	劳动争议调解委员会人数(人)	12,757	14,684	18,205
	物业纠纷调解委员会人数(人)	10,766	12,015	14,486
	其他调解委员会人数(人)	96,056	91,392	91,585
专兼职	专职(人)	828,805	859,833	817,467
	兼职(人)	3,454,286	3,421,483	3,411,594

① 资料来源:2013 年度司法所、人民调解、安置帮教工作发展报告[R].北京:法律出版社,2014.

续表

年份		2011	2012	2013
选任	推选(人)	2,797,359	2,880,271	2,872,026
	聘任(人)	1,538,143	1,401,095	1,357,035
文化程度	高中(含)以上(人)	2,535,958	2,603,325	2,568,202
培训情况(人次)		5,525,067	6,043,709	5,833,278
表彰情况	集体(个)	38,470	26,697	25,683
	个人(人)	58,925	54,899	50,073
因公伤亡情况	致伤(人)	398	249	156
	牺牲(人)	7	12	3

2.2.3 调解案件情况

统计结果显示(见表2－5,表2－6):(1)调解案件总数及成功率情况。2011－2013年调解案件总数分别为8,935,341件、9,265,855件、9,439,429件,调解成功的案件数分别为8,661,072件、9,041,626件、9,219,534件,成功率分别为96.9%、97.6%、97.7%,各项指标均呈上升趋势。

(2)不同主体调解案件情况。不同主体调解案件数在调解案件总数中所占比例不同,虽然各个主体在2011－2013年期间所调解的纠纷数及其所占比例均有细微变化,但排序均相同,从高至低分别为:村(居)调解委员会、乡镇街道调解委员会、社会团体和其他组织调解委员会、企事业单位调解委员会。其中,村居调解委员会调解的案件所占比例2011－2013年度分别为65.7%、64.6%、62.6%,呈下降趋势;与之相反的是,社会团体和其他组织调解委员会调解案件所占比例则呈上升趋势,2011－2013年分别为7.3%、10.5%、10.5%。

(3)案件来源情况。人民调解组织调解案件的来源有三种情况:依申请调解、主动调解和接受委托移送调解。2011年上述三种案件来源形式分别占总数的55.9%、40%、4.1%;2012年度的比例分别为58.5%、38.1%、3.4%;2013年度的比例分别为57.8%、38.9%、3.3%。从统计结果来看,三年间依申请调解所占比例最大,主动调解次之,接受委托移送调解所占比例最小,且三年来略呈下降趋势。

(4)调解协议形式的情况。2011－2013年度经人民调解达成协议的案件数分别为8,555,655件、8,896,846件、8,925,164件,各自占当年调解案件总数的比例分别为95.8%、96.0%、94.6%。协议形式包括口头协议和书面协议,2011年经人民调解达成的口头协议和书面协议占达成协议案件总数的比例分别为63.5%、

36.5%；2012年口头协议和书面协议各自所占的比例分别为61.9%、38.1%；2013年度分别为62.1%、37.9%。统计结果显示，经人民调解达成的调解协议中口头协议多于书面协议。

（5）调解协议履行情况。调解协议的履行分为三种情况：当事人直接按协议履行；当事人申请司法确认；达成协议后当事人反悔起诉至法院。2011年度三种履行情况在达成调解协议案件总数中所占的比例分别为92.9%、2.8%、0.2%；2012年度三种履行情况在达成调解协议案件总数中所占的比例分别为95%、2.6%、0.09%；2013年度分别为97.5%、2.1%、0.06%。从统计结果来看，三年期间当事人自觉履行率呈上升趋势。此外，2011－2013年度当事人反悔起诉至法院的案件数量分别为18,695件、8,286件、5,799件，呈下降趋势；其中调解协议被法院维持的案件数分别为11,898件、5,536件、3,212件，各自占当年达成调解协议后当事人反悔起诉至法院的案件总数的63.6%、66.8%、55.4%。

（6）调解纠纷类型情况

邻里纠纷、婚姻家庭纠纷在人民调解案件总数中所占比例较大。2011－2013年度邻里纠纷在当年调解案件总数中所占比例分别为22.9%、23.9%、24.4%；婚姻家庭纠纷在当年调解案件总数中所占比例分别为19.7%、19.1%、18.9%。此外，2011－2013年度期间，道路交通事故纠纷数分别390,679件、645,415件、666,767件，增幅较为明显。

表2－5　2011－2013年我国人民调解组织调解案件情况统计表①

年份		2011	2012	2013
调解案件总数（件）		8,935,341	9,265,855	9,439,429
涉案当事人人数（人）		23,009,211	23,797,849	23,334,152
调解成功（件）		8,661,072	9,041,626	9,219,534
疑难复杂案件（件）		786,467	590,530	558,487
协议涉及金额（万元）		40,851,600.74	123,029,954	79,449,408.94
不同主体调解情况	村居调解委员会调解案件数（件）	5,867,546	5,983,161	5,906,758
	乡镇街道调解委员会调解案件数（件）	2,196,280	2,115,112	2,357,197
	企事业单位调解委员会调解案件数（件）	222,738	191,282	189,378
	社会团体和其他组织调解委员会调解案件数（件）	648,777	976,300	986,096

① 资料来源：2013年度司法所、人民调解、安置帮教工作发展报告［R］．北京：法律出版社，2014.

续表

年份		2011	2012	2013
案件来源	主动调解(件)	3,571,996	3,528,399	3,672,715
	依申请调解(件)	4,997,508	5,416,284	5,454,294
	接受委托移送调解(件)	365,837	321,172	312,420
协议形式	口头协议(件)	5,434,155	5,509,791	5,545,937
	书面协议(件)	3,121,500	3,387,055	3,379,227
履行情况	履行(件)	7,948,939	8,454,906	8,704,202
	司法确认(件)	238,494	229,598	190,857
	达成协议后起诉(件)	18,695	8,286	5,799
	法院判决维持(件)	11,898	5,536	3,212

表 2-6　2011-2013 我国人民调解组织调解案件分类情况统计表①

年份	2011	2012	2013
调解案件总数(件)	8,935,341	9,265,855	9,439,429
婚姻家庭纠纷(件)	1,761,612	1,772,695	1,780,137
邻里纠纷(件)	2,043,793	2,213,346	2,306,627
房屋宅基地纠纷(件)	614,109	626,444	645,880
合同纠纷(件)	432,829	434,209	419,878
生产经营纠纷(件)	308,099	290,788	290,874
损害赔偿纠纷(件)	727,803	730,610	747,469
劳动争议纠纷(件)	359,426	319,067	312,824
村务管理纠纷(件)	107,522	104,605	99,989
山林土地纠纷(件)	544,664	535,074	519,445
征地拆迁纠纷(件)	319,586	285,869	299,701
计划生育纠纷(件)	44,677	44,582	38,039
环境保护纠纷(件)	62,363	60,196	56,808
道路交通事故纠纷(件)	390,679	645,415	666,767
物业纠纷(件)	110,542	112,947	111,460
医疗纠纷(件)	56,349	68,237	62,744
其他纠纷(件)	1,051,288	1,021,771	1,080,787

① 资料来源:2013 年度司法所、人民调解、安置帮教工作发展报告[R].北京:法律出版社,2014.

2.3 “大调解”中的人民调解

2.3.1 “大调解”的产生和特点

“大调解”并非一个严格的法律概念或制度，而是为了应对社会转型期矛盾积聚、纠纷多发而出现的一种多元化纠纷解决机制。由于“大调解”是不同时期、不同地区在纠纷解决领域的实践探索，因此各地出现了不同的“模式”和“经验”，有代表性的主要有山东陵县模式、枫桥经验、南通模式、河北省石家庄市“三位一体”大调解模式、北京市怀柔区“三调对接”模式①、四川广安模式②等。

各地的探索在官方文件和领导讲话中也得到了体现。党的十六届六中全会通过的《中共中央关于构建社会主义和谐社会若干重大问题的决定》指出：“要完善矛盾纠纷排查调处制度，建立党和政府主导的维护群众权益机制，实现人民调解、行政调解、司法调解有机结合，更多采用调解方法，综合运用法律、政策、经济、行政等手段和教育、协调、疏导等办法，把矛盾化解在基层、解决在萌芽状态。”2009年底，《中央政法委员会、中央维护稳定工作领导小组关于深入推进社会矛盾化解、社会管理创新、公正廉洁执法的意见》(中办发[2009]46号)提出：“地方各级党委和政府要充分发挥政治优势，构建政法、综治、维稳、信访部门综合协调，有关部门、单位各司其职，社会各界广泛参与，人民调解、行政调解、司法调解既充分发挥作用又相互协调配合的‘大调解’工作体系。”这是官方文件第一次关于“大调解”工作体系最全面、最权威的表述。2011年4月，中央社会治安综合治理委员会、最高人民法院、最高人民检察院、国务院法制办、公安部、司法部等16部门联合印发的《关于深入推进矛盾纠纷大调解工作的指导意见》则是中央层面对矛盾纠纷“大调解”工作的全面部署，标志着“大调解”运动在全国范围内全面推进。

各地的“大调解”都是在没有全国统一部署、也没有确定的法律依据的情况下，根据地方的社会需求和实际条件，参照借鉴其他地区的经验，在地方党委、综治委的领导下，由各相关机构共建的一个矛盾纠纷调处平台和多元化纠纷解决机制。虽然“大调解”在各地的运行模式不尽相同，但都体现了基本相同的理念，即以解

① 范愉. 纠纷解决的理论与实践[M]. 北京：清华大学出版社，2007：534－545.
② 徐昕. 调解：中国与世界[M]. 北京：中国政法大学出版社，2013：427－439.

决纠纷和维护社会秩序为中心目标,为当事人提供多元的、低成本的、便利的解纷服务。相同的理念也就决定了各地的“大调解”势必具有一些共同特点:

首先是“大调解”整合资源的有效性。“大调解”是一种由党政驱动、多方参与、协调互动的工作体系,是国家“动员体制”[①]在纠纷解决领域的体现。通过传统的运动方式推进,通过政策扶持和资源配置,在党政机构的统一领导和部署下,各权力机构和职能部门共同参与、相互配合,“使得大调解成为整合社会管理资源、化解社会矛盾纠纷的有效载体之一”。[②] 其次是“大调解”适用纠纷范围的广泛性。在“大调解”体系中,党委、政府、各行业、各部门以及社会团体、公民都充分参与,且具有不同的优势,发挥不同的作用,参与主体的广泛性也就决定了调解范围的广泛性。同时,“大调解”本是为了适应社会需求和当事人的解纷习惯、针对积聚难解的社会矛盾,尤其是群体性纠纷而设立的机制或程序,这就要求“大调解”必须拓宽调解工作的空间,增强调解工作的适应性,以更加多元和开放的方式,依靠各种调解资源的支持,调处化解不同类型、不同特点的矛盾纠纷。最后是调解程序的灵活性。“大调解”以纠纷解决的结果和效果为导向,具有实用主义的特点。在调解的过程中,为了平息当事人之间的矛盾纠纷,调解主体会综合运用经济、法律、政策、行政等手段,通过教育、协商、疏导等办法以及情、理、法的有机结合,以实现“案结”“事了”“人和”。

2.3.2 人民调解在“大调解”中的地位和作用

为贯彻落实《人民调解法》,2011 年 4 月,中共中央办公厅、国务院办公厅转发的《关于深入推进矛盾纠纷大调解工作的指导意见》不但为“大调解”中的人民调解制度的建设提供了指导意见,也反映了人民调解在“大调解”工作体系中的基础性地位。[③] 人民调解在“大调解”体系中的基础性地位主要体现在以下几个方面:

首先,人民调解组织在“大调解”体系中具有基础性。人民调解委员会是调解民间纠纷的基层组织,在“大调解”格局中,除了传统的村(居)调解委员会以外,村

① “动员体制”是借用美国社会学家戴维·艾普特的概念,其本质是国家(包括执政党)对社会拥有强大的权力,能够主导社会发展和变革的中心议程,并且大规模调动社会资源以实施这个议程。参见 Apter, David Ernest, 1965. The politics of modernization. Chicago; London: University of Chicago Press.

② 吴志明. 大调解——应对社会矛盾凸显的东方经验[M]. 北京:法律出版社,2012:30.

③ “坚持调解优先,依法调解,充分发挥人民调解、行政调解、司法调解的作用。把人民调解工作做在行政调解、司法调解、仲裁、诉讼等方法前,立足预警、疏导,对矛盾纠纷做到早发现、早调解。”——《关于深入推进矛盾纠纷大调解工作的指导意见》。

民小组、楼道都设有调解信息员。这些扎根于基层的人民调解组织是构成“大调解”组织体系的基础。其次,人民调解处理的纠纷在整个社会矛盾纠纷中具有基础性。可以适用人民调解的纠纷,大量表现为“鸡毛蒜皮”的民间纠纷①,这些小纠纷不仅数量众多,在整个社会矛盾纠纷中占绝大多数,而且如果处理不当,在一定条件下还可能会激化,甚至演变成群体性事件或刑事案件。扎根于生活第一线的人民调解组织不但调处化解矛盾纠纷,还承担着排查、预防矛盾纠纷的功能,对于维护社会的和谐稳定具有基础性作用。最后,人民调解的方式也具有基础性。人民调解的目的并非在于宣告规则和维护国家的主流价值规范,而是在于在不违反国家法律禁止性规定的情形下,适宜、妥当地解决纠纷。人民调解的目的决定了人民调解是以当事人的自愿为正当性基础,以当事人的合意为权威性保障。同时,也决定了人民调解与公力救济的比较优势,即调解过程的平和性和非对抗性。② 在调解过程中,调解员可以根据纠纷的类型和特点、当事人的性格特点及其相互之间的关系,灵活运用判断型、交涉型、教化型、治疗型调解方式③,将情、理、法融为一体,这对于解决矛盾纠纷、维护社会秩序无疑具有其他调解所无法替代的作用。因此,在“大调解”工作体系中,司法调解、行政调解都需要依赖人民调解,和人民调解密切衔接,或者将人民调解作为司法调解、行政调解的基础及前置程序。总之,人民调解以其组织的广泛性、调解方式的非对抗性,解决了绝大多数的社会矛盾纠纷,在“大调解”体系中具有基础性地位。

如果说人民调解基于其群众性和自治性在“大调解”格局中具有基础性地位是从应然层面而言的话,那么,在“大调解”工作体系的运行中,人民调解的作用则从基础性上升到枢纽性,在“大调解”体系中起着承上启下、耦合各种解纷机制的作用。这首先是因为人民调解“纵向到底,横向到边”的组织网络不但有利于纠纷的排查、预防与调处,也有利于与行政调解、司法调解以及诉讼的协调与衔接。如上文所述,在“大调解”体系中,人民调解组织网络呈“垂直”和“水平”扩张的态势。前者是指人民调解组织的多层级化,即除了村(居)调解委员会以外,往上级扩张的还有乡镇(街道)调解委员会以及县(市、区)调解委员会,往下延伸的则有村组、楼道的调解小组;后者则是指专业性、行业性人民调解组织的出现。其次是

① 关于民间纠纷的范围,无论是在我国的立法还是实践中,随着社会的发展,民间纠纷的范围均有所拓宽。现阶段我国可以适用人民调解的民间纠纷包括民事纠纷、轻微的刑事纠纷、刑事自诉案件及刑事附带民事纠纷。

② 廖永安,侯元贞.发展社会调解的现实意义[N].光明日报,2014-7-16.

③ [日]棚濑孝雄.纠纷的解决与审判制度[M].王亚新译.北京:中国政法大学出版社,2004:53-69.

因为调解的灵活性、开放性和价值包容性使调解能满足当事人的不同需求,更有利于解决因国家权力不及、政策失灵而引发的纠纷,从而能更有效地缓和我国转型期国家与社会、传统与现代之间的结构性矛盾。

人民调解在"大调解"中的枢纽作用可以在"大调解"工作流程中得到反映。根据实证调研以及他人的研究成果,笔者认为,一般而言,我国目前的"大调解"包括"自下而上"和"自上而下"的两个相反方向的工作流程。"自下而上"的工作流程是指将本级调解委员会调解不了的纠纷或者认为有可能激化的矛盾纠纷逐级上报,最后由县(市、区)矛盾纠纷调处工作机构[①]组织协调各相关行政、司法部门联合调处。"自上而下"的工作流程一般包括以下步骤:第一,县(市、区)矛盾纠纷调处工作平台的对外窗口统一受理纠纷,矛盾纠纷的来源包括当事人申请调处的纠纷、上级指派调处的纠纷以及各行政职能部门和下级调解委员会上报的纠纷。第二,对外窗口统一受理纠纷以后,根据纠纷的类型和特点将纠纷进行分流处理。这时的分流移送又分为四种情况:A. 对于跨地区、跨行业的重大疑难纠纷,上报给工作领导小组,由领导小组组织相关部门联合调处,并明确责任主体;B. 将矛盾纠纷直接移送给相关行政部门;C. 将矛盾纠纷指派给乡镇(街道)调解委员会调解;D. 将适合司法途径解决的纠纷分流至法院。第三,相关行政部门对移送纠纷的处理:对可以调解的纠纷进行行政调解或引导进行人民调解,对当事人不愿调解的纠纷,进行行政裁决或引导当事人诉至法院。第四,乡镇(街道)调解委员会对被指派的纠纷依照《人民调解法》的有关规定进行处理。第五,法院对移送纠纷的处理:对不符合立案条件的引导进行调解;对符合立案条件的告知当事人可以选择诉前调解;立案后进行诉中调解,调解不成依法审判。第六,对县(市、区)矛盾纠纷调处工作中心移送分流的纠纷,各主体进行处理后需要将信息反馈给中心(见图2-5)。

① 矛盾调处工作机构的名称在不同的地区可能会有所不同,有的称为"三调联动工作领导小组",有的称为"矛盾纠纷'大调解'协调中心"等。

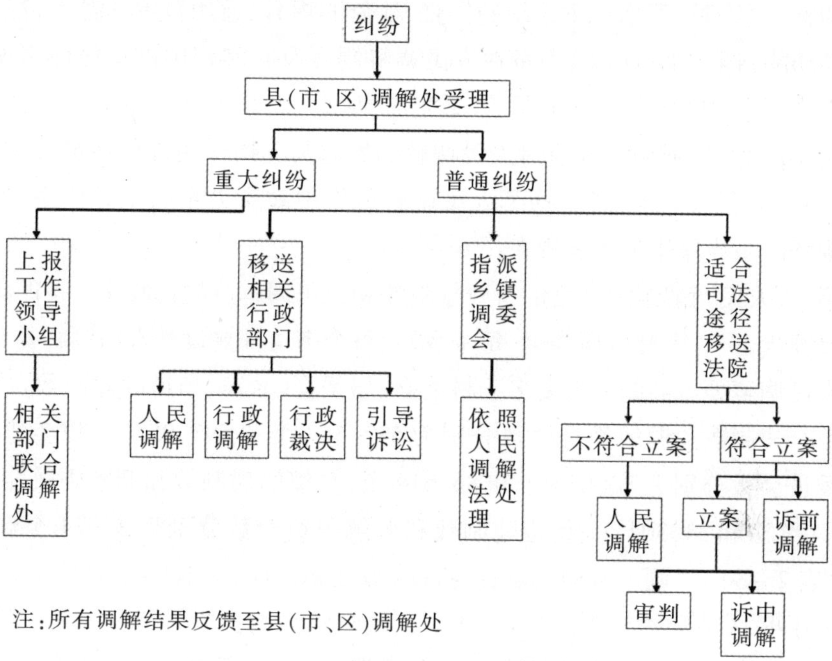

图 2-5　矛盾纠纷调处中心工作流程图

从矛盾纠纷调处中心的工作流程可以看出,人民调解从扎根基层的调解组织对纠纷的排查、预防和调处,到乡镇(街道)调解委员会的调解以及专业性、行业性人民调解委员会的调解,都属于人民调解的范畴。除此之外,行政机关处理纠纷的时候可以引导当事人进行人民调解,法院也可以进行诉前、诉中委派或委托人民调解组织进行调解,由此可见人民调解已经“嵌入”纠纷解决的每一个环节,在多元化纠纷解决机制中起到了枢纽作用,真可谓实现了不同解纷机制之间的“无缝对接”。

2.3.3 “大调解”中人民调解的主要特征——政府主导型人民调解

人民调解的群众性和自治性只是官方或者立法的一种表达,21 世纪以来人民调解的复兴,以及人民调解在“大调解”格局中的运作,均为政府主导下的人民调解,本书将此种调解实践的特征概括为政府主导型人民调解。这是因为“大调解”是国家为了应对社会矛盾积聚、纠纷增多、诉讼压力增大而推行的一种工作体系,人民调解在“大调解”格局中组织的扩张、地位的提升、适用范围的扩大,都是政府力量推动的结果。因为党政力量在人民调解制度及其实践中推动作用明显,故有学者将我国人民调解的特征概括为“政府推动型人民调解”。① 笔者认为,“政府推动型人民调解”只强调了政府对人民调解的发起与支持作用,而“政府主导型人民调解”的内涵更为丰富,还包括了人民调解运作中政府力量的主导作用。政府对人民调解的主导作用主要表现在:

第一,人民调解组织网络的行政依附性和人民调解员的行政化。按照建制,每个村民委员会、每个社区居委会、每个乡镇、每个街道都要设立人民调解委员会,实践中人民调解委员会的数量要多于村委会、居委会、乡镇、街道的建制数。如2013年村委会建制数和调解委员会数分别为592,557个和593,952;居委会建制数和调解委员会数分别为86,075个和86,614个;乡镇的建制数和调解委员会数分别为34,199个和34,304个;街道建制数和调解委员会数分别为8,074个和8,288个(见表2-3)。“调解机构的设置与行政等级相对应,具有明显的行政等级化倾向。”②另外,大部分的专业性、行业性人民调解组织的独立性远远不够,实际上都依附于相关的行政职能部门,譬如医疗纠纷调解中心依附于卫生行政部门,道路交通事故调解中心依附于公安部门。与调解组织的行政依附性紧密相连的就是调解员的行政化。随着调解组织的扩张,乡镇(街道)以上的调解机构的调解员主要为以司法行政人员为主体的国家公职人员,村(社区)一级的人民调解委员会一般由村居委成员构成,虽然村居委成员并非体制内成员,但其作为国家权力的“代理人”却与“体制”有着紧密的联系。

第二,人民调解指导管理工作的科层化。关于科层制(Bureaucracy),马克斯·韦伯认为,“科层制不是指一种政府类型,而是指一种由训练有素的专业人员依照既定规则持续运作的行政(管理)体制。”③科层制的结构特征主要有以下几点:根据组织目标进行劳动分工并实现专业化;实行等级制原则,建立合法权威;通过稳定的规章规范程序运作;科层制中的职位占有者具有非人格化的理性特征

① 曾令健.社会变迁中的“大调解”[A].厦门大学法律评论(总第二十一辑)[M].厦门:厦门大学出版社,2013:259-380.

② 曾令健.社会变迁中的“大调解”[A].厦门大学法律评论(总第二十一辑)[M].厦门:厦门大学出版社,2013:376.

③ 王春娟.科层制的涵义及结构特征分析——兼评韦伯的科层制理论[J].学术交流,2006(5):56-60.

等。[①] 实践中对人民调解工作的科层化管理主要体现在岗位责任和考评制度以及文书档案管理制度等方面。通过实行岗位责任和考评制度，以明确人民调解委员会主任、人民调解员岗位职责，每年底根据预防和调解矛盾纠纷的工作实绩进行年度考评奖惩。通过实行文书档案管理制度，以建立健全人民调解档案。人民调解档案包括工作档案、人民调解案卷、人民调解排查登记台账等。人民调解案卷材料一般包括人民调解申请书或人民调解受理登记表、人民调解调查记录、人民调解证据材料、人民调解记录、人民调解协议书或人民调解口头协议登记表、人民调解回访记录、司法确认有关材料、卷宗情况说明等。人民调解案卷统一使用最高人民法院、司法部制发的人民调解文书格式。工作档案一般要求一年一档，达成调解协议的案件档案要求一案一档，装订成册，妥善保管。此外，日常管理工作制度还包括学习和工作例会制度、纠纷登记制度、重大纠纷集体讨论制度、矛盾纠纷排查分析报告制度、跟踪回访制度等。

第三，由国家提供调解工作的经费保障。法律明确规定，国家鼓励和支持人民调解工作，这也就明确了国家和地方政府对人民调解的责任。国家责任"包括通过立法明确人民调解的正当性及各相关机构的指导职责，引导群众利用人民调解解决纠纷，以及对人民调解员及其工作的支持、激励、保障等"。[②] 地方政府的责任则包括对人民调解工作的支持、指导和监督，其中就包括经费支持和保障。2013年，各地落实人民调解工作经费23,300.84万元；人民调解委员会工作补助经费31,774.59万元；人民调解员补贴经费37,770.31万元。[③]

第四，调解程序的规范化。虽然《人民调解法》体现了对程序适宜原则的认同，但近年来，一些地方为了提高人民调解的权威性而一味追求正规化和司法化。在实践中，一些地方的人民调解组织在进行调解的时候，模仿法庭程序。[④] 更有甚者，有些调解室张贴的调解程序和调解纪律，就是民事诉讼的开庭程序和法庭纪律。当然，张贴这些东西可能只是为了应付上级检查，但也体现了对人民调解工作的一种观念判断和价值取向，即强化人民调解的公权力色彩。

最后一点，就是行政调解与人民调解呈现组织同形化的态势。人民调解不但

① 王春娟. 科层制的涵义及结构特征分析——兼评韦伯的科层制理论[J]. 学术交流，2006(5)：56－60.

② 范愉.〈中华人民共和国人民调解法〉评析[J]. 法学家，2011(2).

③ 司法部基层工作指导司编. 2013年度司法所、人民调解、安置帮教工作发展报告[M]. 法律出版社 2014：11－12.

④ 实践中，调解的一般步骤包括：调解员告知当事人调解规则；当事人陈述纠纷事实；调解员宣讲法律、政策等；在当事人认可事实、分清责任、互谅互让的基础上，提出纠纷解决方案，达成调解协议。

“嵌入”到行政机关和司法机关处理纠纷的每个环节,而且行政机关本身的调解就以人民调解的组织形式运作,换言之,实践中的许多人民调解是在行政机关的主导下进行的。因此,在“大调解”格局中,出现了行政调解与人民调解组织同形化的态势,也即行政调解民间化和人民调解的行政化,这也正是“大调解”最显著的特点。这种特点“一方面发挥了行政机关解纷的作用;另一方面又将行政调处隐藏在人民调解的形式下,集中体现了我国社会治理中名实不符、理论和实际脱离和机制混乱的现实”。①

2.4 “行政化”人民调解的日常呈现——正式权力的非正式运作

如上文所述,自治性的人民调解主要是就村(居)调解委员会这一级而言的,对于乡镇、街道及以上级别的人民调解而言,调解组织行政化色彩浓厚,调解人员往往是以司法行政人员、相关职能部门的行政人员为主体的国家公职人员。例如,笔者在调研中遇到的一起损害赔偿纠纷,事故原因是未成年学生睡觉时从寝室的双人床上摔下致伤,从事故发生至今已有四年之久。在笔者参与观察调解之前就已经历过五次调解,其中县教育局组织学校、家长调解两次,县教育局、司法局组织学校、家长调解三次。最后一次也就是笔者参与观察的这一次,调解的组织人员包括县司法局、县教育局的相关领导和工作人员,受伤学生所在乡的政法委书记,受伤学生所在村的村支部书记。调解组织为行政机关,最后达成的调解协议却是人民调解协议,这就决定了行政化人民调解的运作模式是正式权力的非正式行使,这也从笔者历经两年多的关于人民调解制度的实证调研中得到了印证。②

2.4.1 权力启动中的积极与消极并存

在“压力型体制”和“维稳逻辑”下,基层政府有主动介入民间纠纷解决的利益与冲动。所谓“压力型体制”,是指“一级政治组织(县、乡)为完成上级下达的各种

① 范愉.多元化协商性纠纷解决机制研究[A].载于协商性纠纷解决机制比较研究[M].冀祥德主编.北京:中国民主法制出版社,2010:507-508.

② 从2012年2月至2014年10月,笔者以及笔者所在的团队对湘南、湘中、湘西南等县市的人民调解进行了一系列的实证调查研究,调研方式包括问卷调查、召开座谈会、对个人进行深度访谈以及参与式观察等。

指标而采取数量化任务分配方式和物质化的评价体系。如经济增长指标、招商引资指标、安全事故指标、社会治安指标、上访人数指标等。根据指标完成的情况，进行经济、政治方面的奖惩”。① “压力型体制”的评价方式往往是“一票否决制”，即一旦有某项任务和指标没有完成，就视其全年成绩为零。在维稳压力下，各地成立“维稳办”“综治办”，设立专项基金，强调领导包案，推行干部考核“零指标”，并在基层治理中逐渐形成一套制度化的维稳应急预案。这些应急处理预案要求地方政府的各部门以党委为首，成立若干应急维稳专项小组，一旦有重大矛盾纠纷或突发事件发生，各专项小组就必须在短时间内积极行动起来，以应对和平息矛盾纠纷。在基层治理中，重大纠纷通常是指涉及人数较多，当事人之间存在严重分歧，对处理方法争议较大，形势有恶化迹象的纠纷。此外，有可能引发群体性事件或大规模冲突的纠纷也可以称之为重大纠纷。

案例1　某村民小组A、B两户为邻居，在先辈期间关系一直比较好。村民A房屋前的道路本来为村民B户进出的一条“老路”，所谓老路，就是按照惯例红白喜事时通行的道路。在他们父辈的时候，村民A户将此条道路改建为他家的门廊，并向B户承诺B户自可以像往常一样从门廊经过。2014年9月，B户的老人家过世以后，A户认为抬棺材经过他家门廊会带来晦气，因而不准B户老人家出殡时从他家门廊经过，而B户认为这是一条老路则执意要从此路出去。村组内无法解决两户的争端，双方争执不下，互不相让，且B户来了很多亲戚，并放言如果出殡那天A户还是堵路的话，就准备抬着棺材冲出去，形势随时有可能恶化。在得到信息员的通报后，县政法委、县司法局、镇综治办、镇司法所的有关领导和工作人员立即赶到该村进行调解。参与调解的还有全镇范围内有名望、对当事人有一定影响力的干部和群众，此外，镇派出所派出了警力以维持秩序。

由于国家权力的边界以及行政资源的有限性，对于一般的民事纠纷，乡镇、街道及其以上级别的人民调解则一般依当事人的申请而启动，实践中，当事人可以口头申请也可以书面申请。在我国当代社会，“有事找政府”的观念根深蒂固，因此，即使行政机关在处理一般民间纠纷时保持着谦抑的态势，其受案调解的范围仍然是相当广泛的。

---

①　荣敬本等.从压力型体制向民主合作体制的转变——县乡两级政治体制改革[M].北京：中央编译出版社，1998.

案例2　笔者在某乡政府参与观察某纠纷的调解时，有一个七八十岁的老人一直在司法所门外等着，后来就直接找到调解室说要反映问题。他所反映的问题是他家养的鸭子连续死了几只，他认为是被邻居放药毒死的，要求政府出面给他解决问题。

当然，申请县级及以上的矛盾调处中心解决纠纷，一般要求有乡镇街道一级矛盾调处中心的请求调处报告或者当事人（或其委托人）的申请报告。案例3为一方当事人委托的律师以书面报告的形式申请政府出面调处一起刑事案件的善后事宜，申请报告先后由县政府办公室领导阅处、由县领导批示，最后由承办单位县司法局基层股会同申请律师对事件进行调查了解，并作出可行的处理方案。

案例3　请求召开处理“MQG放火案”善后事宜联动会的申请报告

申请人：LRS，湖南XS律师事务所律师。联系电话：1397394XXXX。

请求事项：请求组织SN县人民政府、SN县政法委、SN县司法局、SN县公安局、LXQ镇政府、LXQ派出所、LXQ镇SZ村村委会、SZ村6组组委会及当事人MQG、MQZ、MQQ共同参与的联动会，妥善处理“MQG放火案”善后事宜，避免恶性案件的发生。

事实和理由：2011年9月7日，MQG因涉嫌放火犯罪被SN县公安局刑事拘留，后经批准逮捕，侦查终结后移送审查起诉。本案经两次退回SN县公安局补充侦查后于2012年3月22日向SN县人民法院提起公诉。2012年4月19日，SN县人民检察院以“事实和证据有变化”为由，申请撤回起诉获批准。

SN县公安局于2013年10月31日作出终止侦查决定书，决定“终止对MQG的侦查”。

2014年6月18日，SY市中级人民法院赔偿委员会作出（2014）S中法委赔字第4号《国家赔偿决定书》，决定由赔偿义务机关SN县人民检察院对MQG被羁押234天依法赔偿。

2014年7月以来，MQG及其儿子MPF（现役军人）、MYF（深圳企业管理人员）和MQG妻子YLY多次与SZ村村干部和申请人提出：要求对方当事人MQZ、MQQ返还案发时强抢的财产和案发后侵占的水田和菜地……并告知称其全家将回家建房，“任何人不得干涉”。

申请人认为：MQZ、MQQ房屋被烧毁是客观事实，其巨大损失导致其心情过激情有可原。但是,MQG没有实施过烧毁MQZ、MQQ房屋的犯罪行为,MQG无罪,这是法律事实。

现在MQG要求返还财产、返还田地、回家建房并要求不得无理干涉,符合我国法律规定。

但是,根据本案的实际情况和目前我国当地农村社情,MQG全家的上述要求和即将采取的行动将极有可能引起冲突,并极有可能引发恶性刑事案件。

为了维法、维稳,为了妥善处理"MQG放火案"善后事宜,避免恶性刑事案件的发生,申请人特提出上述申请,妥否?请领导批示为盼!

此致

SN县人民政府

SN县政法委

SN县公安局

SN县司法局

申请人:LRS

2014年8月13日

报送:SN县LXQ镇人民政府、LXQ镇派出所、LXQ镇苏州村委会、SZ村6组

县政府办群众或部门来信来函阅处单

来件内容或标题	请求召开处理"MQG放火案"善后事宜联动会的申请报告	编号	
来件单位或姓名	LRS	时间	
办公室领导阅处意见	转县政法委办公室 2014.8.13 建议由司法局"三调联动办"、当地党委政府牵头调查处理。请Y书记批示。 LJP 2014.8.18		
县政府领导批示意见	同意LJP同志意见。 YSD 2014.8.18		
承办单位处理情况反馈	此事先由基层股会同LRS律师调查了解,拿出可行处理方案。 XSY 2014.9.11		

2.4.2 权力技术的软硬兼施

主持调解的基层政府工作人员,往往是土生土长的当地人,从小就受到吉尔兹(Geertz)所说的“地方性知识”的熏陶,熟悉当地的风俗民情、乡规民约。在调解的场域中,调解人员具有二重角色,一种是政府的官员,一种是地方知识的载体。再加上调解的正当性基础为当事人的自愿性,在一般纠纷的调解中,调解员的官方身份仅仅只起着一种“国家在场”的作用,调解员并不轻易使用正式的国家权力资源,即他们很少借助于正式规则所规定的程序和惩罚手段,而是通过耐心倾听、疏导、说服等方式,促使当事人在互谅互让的基础上达成调解协议,平息争端。这种正式权力的非正式使用往往从接待当事人这一环就开始了,SN县司法局基层股的某工作人员说他的工作很多时候就是“打话平伙”(陪人唠嗑),LW县司法局C局长在谈到“接待当事人”这一步骤时说道:

接待是重要的一环,通过接待我们可以接近当事人、接近案件。如果接待不好,当事人对你不会满意,对你没有信任感,那就不会再来找你了,甚至会投诉你,沟通不好,也很难了解案情。当事人一来,要和风细雨的和当事人说,问他有什么事,看一下他的书面报告,临走的时候要留下当事人的基本信息,如身份证、家庭住址、联系方式、家庭成员,看看家里亲戚谁是可以主导他的,形成一种信任感,便于调解。有委屈的话,通过我们的接待,让他们相信政府。在接待方面,我觉得周朝的五声听狱讼很有作用,即辞、色、气、耳、目,辞即看他说什么,让他发泄、说完,说完他就舒服了,不能打断他。从他所说的可以看出他的文化水平、诉求,通过五声听给当事人画像,看他属于哪一种类型的人。慢慢地体会,就会有所提高。其中县里交办给我们一个案子,政法委副书记调了一个多月没有调成,我们集中火力调解这个案子,十二天圆满解决。我们承办了一个三十七年的上访案件,元旦不休息,用了将近三个月时间解决了这个事,通过这两个事我们总结出来接待是第一关。(2012年7月25日下午LW县司法局访谈记录)

正如这位C局长所说的一样,调解是一门艺术。如何组织调解是真正有创造性的工作,这个阶段的艺术性特别强,灵活性特别大。在调解的开始阶段,调解主持人一般会宣布调解纪律以及当事人的权利义务,一方面以保证调解的顺利推进,另一方面以强化调解的规范性。在调解的过程中,调解员则会充分运用各种资源,即"常常借助于正式规则中不包括的非正式因素"①,运用日常生活中的"道理"和乡规民约,对当事人进行耐心说服和疏导,极富"人情味"地使用正式权力。C局长成功调解的一个案件就运用了中国人的"面子"观念和关于人生的"道理"。

案例4　一个个体户回村建别墅,地点选在了两个村子的争议土地上,这块地上有几个祖坟,后来群众不同意,就发起了"保路运动",持续了5年。派出所等都介入了,乡里面也调解了很多次,还拘留了几个人。我们接了这个案子以后进行了调解,其中就抓住了个体老板的关注点,他有钱,不在乎钱。于是我就和他漫谈人生的快乐与价值所在,把他的注意力转向了"面子"和在村里的口碑。做通个体户的工作以后,就做村里老百姓的工作,现在不仅问题解决了,而且老板还给村里修了路。(2012年7月25日下午LW县司法局访谈记录)

调解中,调解员常常运用符合当地习俗的有人情味的做法,以拉近和当事人的心理距离,并促成纠纷的解决。

案例5　2010年农历8月1日上午,AR县PL村民Z的妻子被送到AR县人民医院进行生产,因等候时间较长,后Z到了医院附近的一家网吧以排解无聊。他到网吧后并未上网,只是观看一个年轻人玩游戏,Z看了一会儿后说:"这有什么好看的,没意思。"听到Z的这句话后,正玩游戏的年轻人(18岁)二话不说便打了Z两耳光。Z看到对方人数众多,便忍住了怒火离开。一个多小时后,Z与其一个亲戚回到网吧向无故打人的年轻人讨要面子,交涉未遂,双方便大打出手。Z被对方捅了一刀,当场倒地,对方年轻人见此情形便立刻回家换衣服逃跑。Z妻得知他出事后立刻报警,AR县刑侦大队布下天罗地网,于当晚12点在CL县JS镇一宾馆内抓获犯罪嫌疑人。Z已经死亡于医院,其家属认为新生的孩子失去了父亲,年迈的老者失去了儿子,对此要讨个说法,他们不愿意将Z的尸体安葬,而是停尸于网吧。网吧老板则将尸体放到大街上,这造成了很大的影响。得知这件事的那天正好是中秋节,我正在家里吃午饭,接到镇党委书记的电话,说"AR县发生了这么个事,现场一团混乱,现在死者家属、亲属、医院以及网吧,各方面都闹着,很多人围观,现在要调解处理这件事"。一听到现场情况如此混乱,我当时就觉得这件事非

① 孙立平,郭于华."软硬兼施"——正式权力非正式运作的过程分析——华北B镇订购粮收购的个案研究[A].载于清华社会学评论特辑[M].厦门:鹭江出版社,2000.

常棘手。在前往现场的路上,我对事件进行了详细了解,死者家属提出了几个要求,第一是凶手杀了Z,要求当地执法部门要现场枪毙凶手;第二是提出民事赔偿,要求赔偿几百万;第三是要求追究其他相关人员的责任。但是第一个要求不可能实现的,即使犯罪嫌疑人杀了Z,也要依法办事,不可能现场枪毙。同时,在去的路上,我们也向警方了解到,犯罪嫌疑人从来不做事,他父母不可能帮他承担这个赔偿责任。而且,我们AR县农村有这样的风俗,就是我杀了人,受到了法律制裁,我就不会承担民事赔偿责任了。同时,我还考虑到在尸体移走和安葬之前应该怎么处理。后来,我让同行的小D在路上买了四个火炮,再带上一些盒饭、饮料、牛奶等慰问品。然后没有直接去事故发生的现场,而是去了医院。当时在医院病房里面一共四个人,一个是死者的老婆、一个是他刚刚出生的儿子、一个是死者的爸爸,还有一个是他的亲戚。整个气氛是非常悲痛的,他们当时都没吃饭。我到医院的时间已经是下午两点多了,老人泣不成声地说:"Z很可怜,儿子刚刚出生,媳妇又是个外地人。没有犯任何错就被人这样捅死。"他第一要求一定要当场枪毙那个凶手。第二就要求赔偿两三百万。第三要求追究其他人员的责任。但是对于他的这些要求,我不可能答复他,而且也答复不了,所以我就打算用人情感化他。我说:"第一,我是真心实意地帮助你。估计你没有吃饭,所以来的路上带来了盒饭,另外,我估计你的小孩子没有牛奶喝,来的路上买了几箱。我是真心想帮助你们解决问题。第二,你提的要求不符合道理,要依法办事,要重视纪律、重视程序。公安抓人、拘捕人,检察院批捕、起诉,法院进行裁决,都有严格程序。即使是枪毙也要最高人民法院核准,所以当场枪毙的要求没有道理。第三,追究相关人员的责任,这个追究也需要一个过程。这时受害人父亲就提出要求,说:"我儿子遗体火化,安葬需要钱。"这是最现实的问题,说实话,这笔钱由谁出是个问题,让安仁县人民政府出没有道理,让医院出也没有道理,让PL乡人民政府出也没有道理,让死者家属出更没有道理,让凶手出,凶手的父母从来不管这个儿子,也不可能出。最终想个什么办法呢?我把AR县党委政府有关人员、PL乡党委政府有关人员,两个司法所人员,还有那个网吧老板一起叫到了会议室开会。我分析目前情况:犯罪嫌疑人现在被抓起来了,他的父母不可能帮助犯罪嫌疑人承担他的责任,不论是民事责任还是刑事责任。现在就是,作为网吧老板开了网吧,应该为来网吧消费的顾客提供比较好的娱乐环境。Z在网吧出事,说明网吧并没有营造良好的娱乐环境。Z和犯罪嫌疑人在网吧上网娱乐,网吧老板至少要负网吧的管理责任。我们在调解中也说,只有与事件有关联的才负有责任,而该网吧老板就要负管理责任。要网吧老板拿出三万块钱,他是十分不愿意的。我又给他做工作,说这只是让你拿三万块钱，走其他程序你可能就不止拿三万块钱了。我说这个事件主要责任是犯罪嫌疑人杀了Z，网吧老板没有提供良好的娱乐环境也有一定的责任，管理责任占10%，至少是10%。我给网吧老板做了很久的工作，其实管理责任我们还不能找到十分充分的法律依据，只是按照一般调解的惯例，这个管理责任让我们撕开了一个小口子。因为能营造一个良好的娱乐环境，才能保障来此消费的消费者的权益，保障人家安全地在此娱乐。最后，网吧老板拿出了三万块钱，然后就迅速租车将死者尸体拉到殡仪馆去。尸体拉到殡仪馆后，死者家属不肯签字进行尸体火化，整个事件又僵下来，于是我又赶过去，又开始做工作。我说："你（死者家属）的诉求只有依法维权，关于民事赔偿部分，我可以帮你委派律师，通过法律援助，委托律师打官司，这个律师的费用我们司法部门会帮你承担。刑事部分，就算你们自己愿意放过他（犯罪嫌疑人），政法部门也不会放过他的，这会按法律程序走。"后来他说他就是看了易经八卦要挑日子进行火化，我当时就说今天就是好日子。他说"你怎么知道，你也懂风水？"我说："我懂，虽然我是学法律的，但是我在农村长大，也经常看风水、看八卦的。"说实话这是带有诱惑性的，就是为把这个事情解决了。"我非常同情你，你也很困难，家里条件也差，会帮你解决困难的。"当时就是想方设法做工作，希望尽快把眼前的事情了结了。如果这个事情不及时解决，影响会非常巨大。对这个事件的处理要达到政治效果、法律效果与社会效果相统一确实困难。这次的解决只是达到了政治效果和法律效果的统一，毕竟这个案子，没有帮助受害者家属拿到他相应的民事赔偿，但是我们现在的困惑是不知道从哪里拿到民事赔偿部分。（2012年8月23日上午对AR县某司法所所长LGS的访谈记录）

运用情境建构和风险评估的手段，以对当事人形成心理"逼迫"也是调解员经常使用的策略。以下对CZ市医疗纠纷人民调解中心L副主任的访谈内容很好地说明了这一点。

你（患方）提出你的诉求以后，你提出多少都是合理的，我只是劝你对方不接受你就需要降低期望值，这是第一个。第二个就是低于这个诉求调不调？如果是低于这个诉求不调，你们又怎么办？以后的事情你怎么处理？但是不管你们怎么处理，我们提出一个建议，可以走司法途径，但不能采取过激行为，因为你们已经受到伤害了，不能再次受到伤害……面对老同志要讲老同志能接受的话，如果是年轻人的话就可以说教他一下：如果你有本事就不会为了这一两千块钱找到这里来，如果你有了这个钱根本就不会找麻烦，你搞那些过激的行为或是过大的活动，你搞人家不赢。不管是公立医院还是民营医院，公立的由政府承担，民营的它能够办一个医院说明它的经济实力比你强，你去搞最终劳民伤财的是你自己，吃亏的是你自己。你本来现在就已经受了伤害，你再去做一些过激的行为或是产生一些肢体冲突，最终受伤害的是你。你只有好好地谈，你如果采取打砸抢等过激的行为或者阻碍医院的正常医疗活动或者扰乱医院的正常秩序就会有人管，有人管就会有人推、有人拦，这样就会产生肢体冲突，产生肢体冲突就可以抓人。（2012 年 7 月 23 日上午在 CZ 市医疗纠纷人民调解中心对 L 副主任的访谈记录）

非正式资源的丰富性决定了调解员非正式行使权力的手段和策略的多样性，如调解员还可以利用非正式人际关系网络促成和解等。但是，在一些案件中，如果赔偿数额较大，当事人不愿执行，或者是纠纷涉及人数较多，在调处过程中有人故意破坏秩序甚至引起冲突，这时的人民调解就会从和风细雨般的疏导、说服转向对正式资源的依赖。实践中，政府出面调解纠纷时常常派出警力以维持秩序，甚至以打法律擦边球的方式对不愿执行的当事人予以威慑。如：

当事人面子问题解决好了，一般很有利于案件的调解。但是，在一些案件的执行上，特别是有关赔偿方面很难执行，这个时候需要一定的行政强制力。比如说，一个人身损害赔偿纠纷，如果是赔几千元钱，把面子解决好了，一般都能到位，但是上了几万元甚至几十万元，以我多年的经验来看，没有哪个被执行人会痛痛快快拿出钱来。除非他真的很有钱，这个另当别论了。试举一例予以说明：前段时间，我亲自参与了一个有关大额赔偿案件的调解，当时我不是以调解员的身份出现的。我有一个朋友的亲戚给人盖房子，下了点雨，地有点滑，他中午又喝了两瓶啤酒，在做事的时候从上面摔下来，变成植物人了，在 CZ 市人民医院住院。当时医院就下了病危通知书，说这个人已经没得救了，大脑已经死亡，随时都可能有生命危险。在这种情况下，有关人员都是到处找关系，希望帮助谈妥此事的赔偿问题。我朋友是受害人家属的亲戚，于是就叫我过去。当时他们镇上管稳定的、综治的有关领导以及司法所长都去参加调解。最后的调解结果是一次性赔偿 24 万多元，房主和包工头两个人平摊。结果房主付了赔偿款，但是包工头没有。因此，怎么才能让他掏出钱呢，如果不给钱当事人就会吵，到政府闹。结果没办法只有叫派出所来配合，由派出所出面叫包工头去谈话，并通知家属交赔偿款，如果不交赔偿款派出所就会采取措施了。结果包工头一看自己被抓到了派出所，又被警告会对他采取措施了。于是，那天晚上，他让老婆立刻就凑足了赔偿款项并交给受害人。（2012 年 7 月 24

日上午对CZ市司法局KMQ的访谈记录)

又如:

今年(2012)4月20日发生了一个事情,SLT村一个叫YP的女的要建房子,有个C老板承包了她房子外墙的粉刷,C老板请的一个小工李某在粉刷外墙的时候从五楼摔了下来,现在还在重症监护室治疗。开始时的医药费要八九千一天,住了八天。YP建房子就是借的钱,没钱给伤者赔偿,而伤者家属天天过来要钱。我们就每天守着房东和承包方,不守着怕他们打起来,也怕他们走了以后就不回来了。……每天晚上两个人,轮班守候。一方面是保护YP,另一方面就是做劝导工作。每天八九千块钱YP和C确实承受不起,我们就跟医院协商,看能否让病人先从医院出来。同时,我们也做YP的工作,看能不能拿一部分钱出来做医药费。正好受伤一方有个亲戚是我们的同学,我们就在一起协商,拿出一笔赔偿金给伤者家属。在计算赔偿金的过程中,我们甚至把死亡赔偿金、抚养费、丧葬费都算在了里面。但伤者是农村户口,算出来的钱没有家属要求的那么多,考虑到他家的特殊情况,我们计算的标准比农村稍微高一点,比城市的低一点。最终我们以医疗费的名义,但还是按死亡赔偿的标准对小工进行了赔偿。谈到25万块钱的时候,和C谈分摊比例时没谈成,当时还搞到派出所去了。YP愿意出钱,但她没有那么多钱,我们就要C和YP共同来出这个钱,但C就是不愿意出钱。最后,我们通过派出所和安监局一起和他谈,如果他不愿意出钱的话,到时候就按照安全责任事故来处置他。C不听想走,派出所就把他抓了起来适当地关了几个小时。关了几个小时候后他就愿意赔钱了。(2012年7月27日上午对CZ市BH区CJ镇司法所Z所长的访谈记录)

在调解中,调解员对正式权力资源的使用总是很慎重的,但纠纷的多样性同样也决定了调解员运用国家权力之方式的多样性。实践中,除用的比较多的公安派出所"采取措施"以外,通过运用审批权力要求当事人履行协议的情形也较常见,由于篇幅的关系,在此不再赘述。

2.5　本章小结

人民调解萌芽于第一次国内革命战争时期的工农运动中,在第二次国内革命战争时期逐步发展并初具雏形,新中国成立后,人民调解得以正式制度化。党的十一届三中全会以来,人民调解组织和人民调解工作得到迅速恢复和发展。人民调解经过三十多年的发展,其法律渊源包括《宪法》、散见于其他法律中的相关规范、行政法规和部门规章、司法解释、地方性法规以及单行法《人民调解法》,已经实现了制度的繁荣与立法位阶的提升。《人民调解法》作为我国第一部专门、系统地规范人民调解工作的法律,也是对现有规定的一次梳理,先前与其抵触的有关规定自动失效,因此,《人民调解法》对于重申人民调解的定位和正当性、规范调解活动、完善调解制度等方面都具有重要意义。在调解组织的形式方面,《人民调解法》通过授权性和开放性的制度设计,既明确了人民调解委员会作为群众自治性组织的定位,又回应了实践需求,为人民调解组织的多元化格局提供了发展空间。在人民调解员必须具备的条件方面,《人民调解法》对调解人员的学历、职业背景等未作统一的过高要求,以适应人民调解的乡土性、群众性和多元性。关于人民调解的适用范围,《人民调解法》规定人民调解是解决"民间纠纷"的活动。关于人们调解的工作原则,根据《人民调解法》的有关规定,可以将人民调解的工作原则概括为自愿原则、平等原则、合法原则、尊重当事人救济权利原则。《人民调解法》第 17 条至第 27 条对调解程序作了一般规定,主要包括:调解程序的启动,纠纷调解员的产生方式,调解过程,以及调解程序的终止等内容。调解协议的形式有两种:调解协议书和口头协议。《人民调解法》明确规定了人民调解协议具有法律约束力,并通过确立司法确认程序以保障调解协议的效力。人民调解制度的法律定位为人民调解的群众性和自治性。

以 2011 –2013 年度的人民调解工作所产生的数据为分析依据,人民调解委员会的构成至少具有以下特点:多层级化;专业性、行业性人民调解组织的出现且逐年增加;村(居)调解委员会数在调解委员会总数所占比例最大;村(居)调解委员会、乡镇街道调解委员会均多于相应的建制数,已经实现了全覆盖。人民调解的队伍构成具有以下特点:村(居)调解委员会人数在总人数中所占比例大;随着在农村生活的人数的减少,村调解委员会人数也相应减少,居调解委员会人数则相应增多;行业性、专业性人民调解组织的人数在逐年增加。在调解案件情况方面,统计结果显示,2011 –2013 年,调解案件总数及成功率均呈增加趋势;村(居)调解委员会调解的案件总数最多,但其调解的案件在人民调解的案件总数中所占比例却有逐年下降的趋势。人民调解组织调解案件的来源有三种情况:依申请调解、主动调解和接受委托移送调解。从统计结果来看,三年间依申请调解所占比例最大,主动调解次之,接受委托移送调解所占比例最小,且三年来略呈下降趋势。调解协议的履行分为三种情况:当事人直接按协议履行;当事人申请司法确认;达成协议后当事人反悔起诉至法院。从统计结果来看,三年期间当事人自觉履行率呈上升趋势。从调解纠纷的类型来看,邻里纠纷、婚姻家庭纠纷在人民调解案件总数中所占比例较大,道路交通事故纠纷数的增幅较为明显。

“大调解”并非一个严格的法律概念或制度,而是为了应对社会转型期矛盾积聚、纠纷多发而出现的一种多元化纠纷解决机制。各地的“大调解”都是在没有全国统一部署、也没有确定的法律依据的情况下,根据地方的社会需求和实际条件,参照借鉴其他地区的经验,在地方党委、综治委的领导下,由各相关机构共建的一个矛盾纠纷调处平台和多元化纠纷解决机制。虽然“大调解”在各地的运行模式不尽相同,但都体现了基本相同的理念,即以解决纠纷和维护社会秩序为中心目标,为当事人提供多元的、低成本的、便利的解纷服务。相同的理念也就决定了各地的“大调解”势必具有一些共同特点:整合资源的有效性;适用纠纷范围的广泛性;调解程序的灵活性。人民调解在“大调解”体系中具有基础性地位和枢纽作用。其基础性地位主要体现在以下几个方面:人民调解组织在“大调解”体系中具有基础性;人民调解处理的纠纷在整个社会矛盾纠纷中具有基础性;人民调解的方式具有基础性。其枢纽作用则反映在矛盾纠纷调处中心的工作流程之中,即除了人民调解委员会的调解外,行政机关处理纠纷的时候可以引导当事人进行人民调解,法院也可以进行诉前、诉中委派或委托人民调解组织进行调解,由此可见人民调解已经“嵌入”纠纷解决的每一个环节,在多元化纠纷解决机制中起到了枢纽作用,真可谓实现了不同解纷机制之间的“无缝对接”。“大调解”中人民调解的主要特征为政府主导型人民调解。政府对人民调解的主导作用主要表现在:人民调解组织网络的行政依附性和人民调解员的行政化;人民调解指导管理工作的科层化;由国家提供调解工作的经费保障;调解程序的规范化;行政调解与人民调解呈现组织同形化的态势。

人民调解和行政调解的组织同形化,意味着调解组织为行政机关,最后达成的调解协议却是人民调解协议,这就决定了行政化人民调解的运作模式是正式权力的非正式行使。在“压力型体制”和“维稳逻辑”下,基层政府有主动介入民间纠纷解决的利益与冲动,但是,由于国家权力的边界以及行政资源的有限性,在基层治理中,乡镇、街道及其以上级别的人民调解组织一般只主动介入重大纠纷的调解,对于一般民事纠纷,则须依当事人的申请而启动。在调解中,正式权力的非正式行使表现为调解策略的软硬兼施。在调解的场域中,调解人员具有二重角色,一种是政府的官员,一种是地方知识的载体。再加上调解的正当性基础为当事人的自愿性,在一般纠纷的调解中,调解员的官方身份只起着一种“国家在场”的作用,调解员并不轻易使用正式的国家权力资源,而是充分运用各种非正式资源,运用日常生活中的“道理”和乡规民约,对当事人进行耐心说服和疏导,极富“人情味”地使用正式权力。在一些案件中,如果赔偿数额较大,当事人不愿执行,或者是纠纷涉及人数较多,在调处过程中有人故意破坏秩序甚至引起冲突,这时的人民调解就会从和风细雨般的疏导、说服转向对正式资源的依赖。实践中,政府出面调解纠纷时常常派出警力以维持秩序,甚至以打法律擦边球的方式对不愿执行的当事人予以威慑。

第3章　语境中的人民调解制度
——人民调解缘何行政化

本章借用苏力关于“语境论”的界定和研究进路，力求理解我国人民调解制度行政化的缘由及其在一定历史条件下的正当性和合理性。语境论“坚持以法律制度和规则为中心关注……力求语境化地（设身处地地、历史地）理解任何一种相对长期存在的法律制度、规则的历史正当性和合理性……注重特定社会中人的生物性禀赋以及生产力（科学技术）发展水平的限制，把法律制度和规则都视为在某些相对稳定的制约条件下对于常规的社会问题的一种比较经济化的回应。强调细致具体地考察和发现社会生产方式以及受社会生产方式制约的社会生活各个方面对法律制度的塑造和制约”。[①] 因此，本章的研究内容包括对人民调解制度的历时性和共时性考察，研究思路为：第一节为人民调解制度历史溯源。第二节对不同时期的调解制度比较，试图分析我国调解制度发展变迁中的断裂与延续。从调解员在调解中的地位和作用分析，调解员主导型调解是我国一脉相承的调解模式和方法。第三节进一步分析调解员主导型调解的生产基础，从文化心理基础、社会经济基础和权威来源三个方面进行分析。第四节则试图分析政府主导型人民调解的生成逻辑。

3.1　人民调解制度的历史溯源

今天总是在昨天的基础上前行，历史也总是或多或少地以某种方式延续。“研究现实问题不能脱离历史。应当在历史过程中把握现实社会问题的根源与实质。”[②]历史制度主义认为，制度并非是在真空中运作，即使制度置身其中的政治经

---

① 苏力. 也许正在发生——转型中国的法学[M]. 北京：法律出版社，2004：235－236.

② 皮埃尔·布迪厄，华康德. 实践与反思——反思社会学导引[M]. 李康，李猛译. 北京：中央编译出版社，1998：126.

济环境发生了剧烈变化,制度也倾向于保持"惰性"而持续性地发挥影响。对人民调解制度的研究,也应将其置于具体历史背景中来展开阐释。

3.1.1 前身:我国传统调解制度

调解在中国可谓源远流长。在中国漫长的社会发展过程中,调解作为一种纠纷解决方式被广泛运用,并成为我国法传统文化的一种重要资源。

西周时期,在地方官吏中专门设有"调人"之职,以"司万民之难而谐和之"。①春秋时期,孔子是提倡调解息讼的先驱,"必也使无讼乎"②是其憧憬的社会状态。孔子在担任鲁国司寇期间,极力主张用调解方式处理家庭内部纷争。《孔子家语》记载了一件父告子的案件,孔子把父子二人拘捕起来,同囚于一室,三个月不予理睬,最终使得父亲请求撤销诉讼,孔子马上把儿子赦免了。③ 秦汉时期,县以下的基层组织有乡,乡设有秩、啬夫和"三老",掌管道德教化,调处民间争讼④,调解逐渐发展成为一种乡官治事的机制,并作为一项制度普遍应用于民事纠纷的处理中。隋唐时期,基层分设乡正、里正和村正,对民事纠纷进行调解,并有权处理地方上的轻微刑事案件。元朝时,乡里设"社",社长负有调解职责。广泛运用调解方式解决民事纠纷,是元朝诉讼的一大特色。调解结果对当事人具有法律约束力,一般而言,当事人不能再依据相同的事实和理由提起诉讼。⑤ 明朝的乡里更具特色。明初,各地各乡设立"申明亭",以作为"读法、明理、彰善抑恶、剖决争讼小事、辅弼刑治之所"。由本乡人推举公直老人并报官备案,民间纠纷小事由老人在申明亭主持调解,以此"申明教化"。调解不能解决的纷争,再向官府起诉。明中后期,推行"乡约"制度,每里为一约,设约正、约副、约讲、约史各一人,每到会日,里长甲首与里老集合本里民,讲谕法令约规,调处纠纷。清朝康熙皇帝明确要求各级司法官吏要"敦孝悌以重人伦,笃宗族以昭雍睦,和乡党以息争讼……明礼让以厚风

① 《周礼·地官司徒》:"调人掌司万民之难,而谐合之"。

② 《论语·颜渊》。

③ 《孔子家语》卷一《始诛》:"孔子为鲁大司寇,有父子讼者,夫子同狴执之,狴狱牢也三月不别,其父请止。夫子赦之焉。"

④ 《汉书·百官公卿表》记载:"大率十里一亭,亭有长;十亭一乡,乡有三老、有秩、啬夫、游徼。三老掌教化;啬夫职听讼,收赋税;游徼循禁贼盗。"

⑤ 元朝《至元新格》规定:"诸论诉婚姻、家财、田宅、债务,若不系违法重事,并听社长以量谕解,免使妨废农务,烦扰官司。"

俗”。[①] 清晚期，随着市场经济的萌芽和行业性组织的出现，调解已广泛应用于民商事纠纷的化解。

民国时期，在推进司法改革建立现代法院的同时，政府通过整合各种解纷资源，形成了包括司法调解、行政调解、民间调解在内的较为完备的调解机制。在民间调解方面，民国初期并未出现全国性的、大规模的调解组织。南京国民政府时期，为规范民间调解、整合各种调解资源，在全国各地建立以息讼会为代表的民间调解组织。息讼会是主张公道、调解纠纷的自治机关，其目的是“消弭人民之争端，减少人民之讼累，增进社会之幸福”。[②] 各地的息讼会在组织设置方面虽然有所不同，但都具有组织层级化的特点。譬如，云南镇平县息讼会分为总息讼会、区息讼会、镇息讼会三级；[③]广西荔浦县 1932 建立的息讼会分为县、区两级。县息讼会附设于县民团参议会内，区息讼分会则设在当地的区民团内。[④] 息讼会的人员选任通常包括三种方式：推选、聘任、政府公职人员兼任。如镇平县的总息讼会由自治办公处聘请，1 人任办公室主任，2 人为调解委员；区息讼分会设公断员 5 人，3 人由公推产生，其余 2 人由区公所职员兼任；乡镇息讼会由正、副镇长兼任公断员。[⑤] 广西荔浦县、区两级的息讼委员均为义务性质的。县息讼会委员由县参议会、教育委员会、地方财政委员会、地方建设委员会的负责人为“当然委员”，另由县内务机关团体推选“公正士绅”两人担任委员；各委员互选常务委员 1 人办理会务。区息讼会的委员设 5 人，该区民团局长、副局长为“当然委员”，另由局长聘请“公正士绅”2 人为委员，局长兼任常务委员。[⑥]

纵观我国传统调解制度，主要有以下特点：第一，调解形式多样。我国传统调解包括官府调解、民间调解以及官批民调三种基本形式。官府调解的主体主要是州县官和司法机关，民间调解多由宗族长老等民间德高望重人士以及专事调处的基层官吏主持。官批民调介于官府调解和民间调解之间，具有半官方性，官府将诉

① 《圣祖实录·康熙九年癸巳条》。

② 郑建银. 镇平县三十年代的息讼会[A]. 载中国人民政治协商会议镇平县委员会文史资料委员会编. 镇平文史资料第 16 辑政法专辑[M]. 2000：121.

③ 郑建银. 镇平县三十年代的息讼会[A]. 载中国人民政治协商会议镇平县委员会文史资料委员会编. 镇平文史资料第 16 辑政法专辑[M]. 2000：121.

④ 韦学军. 民国时期的荔浦息讼会[A]. 载中国人民政治协商会议荔浦县委员会文史办. 荔浦文史（第 6 辑）[M]. 1992. 转引自徐昕主编. 调解：中国与世界[M]. 北京：中国政法大学出版社，2013：135.

⑤ 郑建银. 镇平县三十年代的息讼会[A]. 载中国人民政治协商会议镇平县委员会文史资料委员会编. 镇平文史资料第 16 辑政法专辑[M]. 2000：121.

⑥ 韦学军. 民国时期的荔浦息讼会[A]. 载中国人民政治协商会议荔浦县委员会文史办. 荔浦文史（第 6 辑）[M]. 1992. 转引自徐昕主编. 调解：中国与世界[M]. 北京：中国政法大学出版社，2013：135.

状交与族长、乡保等调解,调解成功的,官府对该案予以撤销。[①] 第二,调解范围广泛。我国传统调解适用的案件范围包括几乎全部的民事纠纷和一部分轻微刑事案件。调解所处理的纠纷大都是户、婚、田土、钱债案件,此外,有关水利、差役、赋税等纠纷也不少见,至于斗殴、轻伤等轻微刑事案件也大多以调处方式解决。这些纠纷被统称为“民间细故”,换言之,也就是被官府视为微小,不危及统治根本,但是量多,地方州县官府希望能尽量将其化解于民间或基层,而解决这一问题的重要途径之一就是调处。[②] 第三,调解带有一定的强制性。汉代以后,纠纷首先由家族或乡一级调处,乡设有长老、里正一类小官专门负责调解民事纠纷和轻微的刑事纠纷。调解甚至是处理一般民事纠纷的必经程序,当事人若未经调解而径行诉至官府,则被视为“越诉”,并因此受到处罚。除强制进行调解以外,传统调解的强制性还表现在调解结果的强制性。中国传统社会是由三纲五常维系的宗法家族社会,纠纷当事人难以处于平等的地位而讨价还价。此外,无论是民间调解还是官府调解,调解者总是充当着为当时社会所认同之价值规范的代言人。因此,无论是调解者关于是非曲直的价值判断还是调解者提出的解决争议的办法,当事人都很难拒绝接受。“即使是当事人吁请息讼的‘甘结’也须申明是‘依奉结得’,显属‘遵命和息’。”[③]第四,调解的方式以道德教化为主。“道(导)之以政,齐之以刑,民免而无耻;道之以德,齐之以礼,有耻且格”。[④] 中国的“礼治”强调德主刑辅、礼法并用。康熙《圣谕十六条》曰:“朕惟至治之事,不以法令为亟,而以教化为先。盖法令禁于一时,而教化维于可久。”[⑤]传统调解的过程实际上就是一种教化的过程,史上关于通过教化解决纠纷的记载也不胜枚举。如,唐代韦景骏为贵乡令。有母子相讼者。景骏谓之曰:“吾少孤,每见人养亲,自恨终天无分。汝幸在温凊之地,何得如此?锡类不行,令之罪也。”垂泣呜咽,取《孝经》付令习读之。于是母子感悟,各请改悔,遂称孝慈。[⑥]

---

① 陈瑞来,肖卜文.清代官批民调制度政治分析——以“黄岩诉讼档案”为考察中心[J].广东教育学院学报,2009(2).

② 刘军平.论中国传统情理审判中的调处和息[J].湘潭大学学报(哲学社会科学版),2014(6).

③ 胡旭晟,夏新华.中国调解传统研究——一种文化的透[J].河南省政法管理干部学院学报,2000(4):20-35.

④ 张燕婴译注.论语[M].北京:中华书局,2007:13.

⑤ 清圣祖实录[M].北京:中华书局,1985.

⑥ [后晋]刘昫等著.旧唐书[M].北京:中华书局,1975:4797.

3.1.2 形成:新民主主义革命时期的人民调解制度

人民调解制度是一项有中国特色的纠纷解决制度,是新民主主义时期由中国共产党领导人民创建的、依靠人民群众解决民间纷争的一种机制。一般认为,人民调解制度萌芽于20世纪20年代初,即第一次国内革命战争时期的工农运动,形成和发展于抗战时期的革命根据地,尤以陕甘宁边区的人民调解制度为典型。

在第一次国内革命战争时期的农民运动中,“一切权力归农会”,“连两公婆吵架的小事,也要到农民协会去解决”。[①] 而工人运动中的调解活动则以安源路矿工人俱乐部“裁判委员会”的“裁判”活动为代表。1923年9月制定的《安源路矿工人俱乐部办事细则》规定:“凡本部部员间,或部员与非部员间所发生之纠葛纷争,均由裁判委员会处理”,“并设立问事处与部内,受理各种纷争事件”。[②] 由此可见,在第一次国内革命战争时期的工农运动中,民间纠纷不再由宗族长老和乡绅、士绅调解,而是由“农民协会”“工人俱乐部”这些新型的组织主持调解工作,调解员为工农推举的代表,判断是非曲直的依据则以共产党的革命政纲和工农运动中制定的规约禁令为主,并兼顾进步、善良的风俗习惯。这可以说是人民调解制度的雏形。如在广东海陆丰农民运动中,澎湃领导的赤山约农会下设仲裁部,调处婚姻、钱债、业佃直至产业争夺纠纷。农会通告:“凡农会会员,自己发生争端,须先报告农会,如不先报告农会,而去报告绅士及官厅者,姑无论其很有道理,即宣告除名,以全力帮助其对敌之会员。如本会会员与非会员争端时,会员亦须先来报告。如对于地主有争议时,不来报告而交涉失败,本会概不负责。”

第二次国内革命战争时期,中华苏维埃共和国中央执行委员会第一次全体会议(1931年11月)通过的《苏维埃地方政府暂行组织条例》第17条规定:“乡苏维埃有权解决未涉及犯罪问题的各种争执问题。”按此规定,有的苏区如川陕省在实践中的做法如下:村苏维埃直接负责解决群众的纠纷;村和乡两级苏维埃遇有不能解决的纠纷,可移交区苏维埃调解。村、乡、区都有就重大问题向县革命法庭提出控告的权利。严格意义上,这是一种由政府主持的调解,但它不同于法院调解,因为其具有广泛的群众基础,实际上也具有人民调解的性质。[③] 根据学者的总结,当

① 毛泽东.湖南农民运动考察报告[EB/OL].http://www.agri-history.net/history/selecdoc/hunanpesant%27s%20m.htm,2014-10-20.

② 刘少奇与安源运动[M].北京:中国社会科学出版社,1981:86.

③ 江伟,杨荣新.人民调解学概论[M].北京:法律出版社,1990:29.

时苏区人民调解的特点包括:调解形式以政府调解为主;实行逐级调解;调解范围以不涉及犯罪的民间纠纷为限;在调解中遇有重大问题,基层苏维埃有权向司法机关提出控告。总之,这个时期的调解工作虽然没有形成一套确定、完备的原则和程序规定,也没有在苏区普遍实行,但为后来人民调解制度的形成和发展提供了有利条件。[①]

抗日战争时期,人民调解工作进入了一个新的发展阶段,调解的组织形式、调解内容和调解程序都有了进一步的发展和完善,初步实现了调解工作的规范化和制度化。其中,以陕甘宁边区调解制度的发展为典型。陕甘宁边区调解制度的推行,大致可以分为三个阶段:[②]

第一阶段:从1943年至1944上半年。其特点是主要在司法系统内部强调调解,且各地发展不平衡。早在20世纪30年代中期,边区政府刚刚建立后就曾推行过调解工作,但成效不理想,主要原因是司法人员重视不够,且不习惯。由于诉讼案件积压,民众对司法程序僵硬、拖延的意见较大,1942年前后,边区政府及其领导人对司法工作发表了措辞严厉的批评。如1942年6月25日,边区政府发布的《案件调查务须确实迅速》的命令中,就公开指出:"今年以来,人民来本府告状的特别多,大多数是边区干部办事不公……还有一部分是为了婚姻、土地等案不服高等法院的判决,特到政府提起上诉的。这是由于两种原因:①下级干部的工作多少总有些缺点;②人民的文化知识一天天地增长。他们有什么意见,敢于向政府提出,他们知道要求上级政府来保护自己的利益,这当然是一种很好的现象。"为此,命令规定,今后政府工作人员办案必须调查研究,否则"将来一经本府查出,只有依照公务人员惩罚办法给予一定的处分"。[③] 面对上级的公开批评,边区高等法院迅速做出反应,按照政府的指示精神,在短期内连续发布了一系列命令、法规和指示信[④],确定了"调解为主,审判为辅"等原则,以调转工作方向,试图把原本属于民间的、传统的纠纷解决机制纳入到法律的控制范围之内。值得注意的是,这一时期法院调解制度推行的主要动力自始至终都来自于边区政府。在政府的高压下,调解工作较之以前有了一定改观,但仍有一部分司法人员小心翼翼地与调解工作保

---

① 张希坡,韩延龙主编.中国革命法制史(上)[M].北京:中国社会科学出版社,1987:500.

② 侯欣一.从司法为民到人民司法[M].北京:中国政法大学出版社,2007:274-279.

③ 陕甘宁边区政府文件选编(第六辑)[M].北京:档案出版社,1988:232.转引自侯欣一.从司法为民到人民司法[M].北京:中国政法大学出版社,2007:272.

④ 如《实行调解办法,改进司法作风,减少人民讼累》(1943年6月8日)、《陕甘宁边区民刑事案件调解条例》(1943年6月11日)、《注重调解诉讼纠纷》(1943年12月20日)。

持着必要的距离,所以依然没有达到预期结果。

第二阶段:从 1944 年下半年至 1945 年底。其特点是调解工作开始在边区全面展开,由法院调解发展为人民调解。由于在司法系统内部推行调解的结果并不理想,1944 年下半年,高等法院绥德分庭的副庭长乔松山在一份写给边区参议会的提案中写道:"政府虽颁布《民刑诉讼调解条例》,并迭有调查指令、命令,而收效不显著,究其原因是未能将调解推广到群众中去,发挥群众力量进行调解,而各机关团体,也未能拿调解纠纷视为职务中的主要工作。"为此,在进一步加强宣传的同时,他建议能否动员人民自己调解。① 于是边区政府接受了乔松山的建议,把调解运动从司法系统内部推向民间和一切政府部门,乃至社会团体。在各级政府的推动和鼓励下,人民群众开始纷纷参与调解,并将传统调解的一些手段技术重新发掘出来,还创造了许多新鲜的办法和经验。这一时期的调解无疑取得了极大的成功。

第三阶段:1946 年以后。这一时期的最大特点是政府在调解领域的退出,调解的主要形式为民间调解。调解运动的开展大大减少了纠纷,巩固了政权,但由于政府的过度介入,以及强迫调解和没完没了的调解,又引起了民众的不满。1945 年 10 月,边区政府召开第二届司法会议,对调解工作进行了专题讨论和总结,并对此前调解工作中出现的问题和偏差做了必要的纠正。1946 年下半,边区政府又对《陕甘宁边区民刑事调解条例》进行了修改,原先的一些做法被否定,并重新确定了调解必须自愿,不得强迫;审判为主,调解为辅;调解不是诉讼的必经程序的原则。

从人民调解在陕甘宁边区的推行和发展的过程可知,陕甘宁边区人民调解的形式包括民间调解、群众团体调解和政府调解;调解的原则包括自愿原则、调解不是诉讼的必经程序的原则。调解依据以政府政策法令为主,并照顾民间善良习惯。

3.1.3　确立:社会主义计划经济时期的人民调解制度

中华人民共和国的成立标志着一个新的历史时期的开始,也意味着人民调解工作步入了一个新的发展阶段。在社会主义计划经济时期,人调解制度经历了法律上的确立及随后的波折两个阶段。

---

① 乔松山. 普遍建立调解制度,顶入乡村公约,切实做到减少人民诉讼纠纷[A]. 1944. 转引自杨永华,方克勤. 陕甘宁边区法制史稿(诉讼狱政篇)[M]. 北京:法律出版社,1987:191.

1. 人民调解制度的确立

新中国成立初期,为适应和平时期经济建设的需要,探索如何将新民主主义时期在农村适用的人民调解制度推广至城市地区,就成为这一时期的主要任务。据不完全统计,到1953年年底,华东区已有人民调解委员会46,000个,占全部乡镇建制数的80%;华北区的山西和河北,约有1/3到1/2的县建立区、村调解委员会或联村调解站;中南、西南的大部分地区则处于大规模典型试验的阶段。这些实践探索为统一和建立全国性的人民调解制度打下了理论基础和组织基础。

1954年3月22日,中央人民政府政务院颁布了《人民调解委员会暂行组织通则》(以下简称《通则》)。《通则》共11条,全面系统地规定了人民调解委员会的性质、任务、组织、活动原则、工作制度、工作方法和工作纪律等,使人民调解委员会的工作有章可循,并使人民调解委员会取得了明确的法律地位。[①]《通则》的颁布是我国人民调解制度发展史上的重要里程碑,标志着人民调解制度作为一种法律制度在我国正式确立。

1954年4月,司法部发布了《司法部关于〈人调解委员会暂行组织通则〉的说明》,对人民调解的组织与领导问题、调解委员会的任务、工作原则、工作方法和制度等四个方面进行了详细说明。其中,调解委员会必须遵守的工作原则是:(1)遵照人民政府政策、法令办事;(2)必须取得双方当事人的同意;(3)调解不是诉讼必经程序。

《通则》及相关法律、法规的颁布,极大地推动了人民调解工作的发展。到1954年12月,全国已有调解委员会155,100多个。[②] 到1955年底,全国已有7,096个乡镇、街道建立了170,400个人民调解委员会,调解队伍已发展到上百万人。[③]

2. 人民调解制度的波折

《通则》颁布施行后,人民调解工作得到了全面迅速的发展,在社会主义改造事业中发挥了较好的作用。但从1957年下半年开始,在阶级斗争扩大化的"左"的思想影响下,调解组织逐渐为调处组织所取代,调解工作也逐渐演变为调处工作。但调处和调解属于两个不同性质的范畴,两者之间并没有必然的历史联系和

① 《通则》第1条明确规定:"在全国城乡普遍设立人民调解委员会;调解委员会是群众性的调解组织,在基层人民政府和基层法院的指导下进行工作;调解委员会调解的是一般民事纠纷和轻微刑事纠纷。"

② 韩延龙.我国人民调解工作的三十年[J].法学研究,1981(2).

③ 彭芙蓉,冯学智.反思与重构:人民调解制度研究[M].北京:中国政法大学出版社,2013:45.

渊源关系。调处并不是“调解工作的新发展”,也不是“社会主义革命中的伟大创举”,而是在“左”的思想指导下,将调解组织和调解工作改变为专政的工具和措施。1958 年人民公社化后,不少地区将调处委员会和治保委员会合二为一,统称为治安调处委员会。调处组织与《通则》规定的调解组织的性质、任务和职权大相径庭。首先,调处组织的任务不是解决民间纠纷,而是约束、处理和改造所谓“大法不犯,小法常犯”的“不良分子”。其次,调处组织的职权不只是通过说服教育促使当事人达成调解协议以定纷止争,而是拥有广泛的强制力。例如,1958 年 9 月 12 日实行的中共河南省委员会《关于规定爱国公约、建立调处委员会暂行办法(草案)》规定,对违反公约且经说服教育仍不悔改的,除责令检讨、赔礼道歉、赔偿损失以外,还可以采取强制措施,从具结悔改、组织辩论到劳动教养等,分别情况予以处理。由此可见,调处组织不再是一个群众性组织,其解决的纠纷也不仅是民间纠纷,这是人民调解在发展贯彻中遭遇的挫折。

从 1961 年起,《通则》重新得以按规定实施,人民调解组织和调解工作开始走向了恢复和发展的道路。到 1963 年,人民调解组织重新取得较大的发展,许多地区都十分强调对调解干部的培训,强调调解纪律,提高调解质量,重视对调解经验的总结,从而使调解工作更加规范化。①

从 1966 年“文化大革命”开始后的十年,社会主义民主与法制遭受到严重践踏,在公、检、法被彻底砸烂的同时,人民调解制度也被当作“阶级调和”路线的产物“修正主义”货色被完全取消,人民调解组织和调解队伍被解散,人民调解制度受到极为严重的破坏。

3.2　断裂与延续:不同时期调解制度之比较

在一项制度的变迁中,有些要素有着明显的更迭和继替,有些要素则以潜移默化的方式延续着。美国人类学家罗伯特·雷德菲尔德在 1956 年出版的《农民社会与文化》中提出的“大传统”与“小传统”这一对范畴,用来说明在复杂社会中存在的两个不同文化层次的传统,即社会精英所掌握的有文字记载的文化传统和大量口传的、非正式记载的民间传统。② 费孝通将乡土社会的文化区分为四个层次:已为乡民们所接受的大传统、暴露在“地上”的小传统、隐蔽在“地下”的小传统和已

① 洪冬英.当代中国调解制度变迁研究[M].上海:上海人民出版社,2011:73.

② 宣炳善.“大传统”与“小传统”的学术意义[N].社会科学报,1998-11-05.

"打进了潜意识的潜文化"小传统①,这一概念自提出以来就成为一种具有普适性的社会科学研究方法,在文学界、史学界、社会学界都得到了广泛的认同和应用。在法社会学中,"大传统"与"小传统"这对概念已被用来分析中国国家法与民间法之间的关系。梁治平在《清代习惯法:社会与国家》中提出将研究的重点从大传统转向小传统,从国家法转向民间法。② 季卫东指出,前现代中国社会由两个不同性质的部分构成,一个是以皇帝、朝廷和官僚制为中心的帝国组织体系,其中形成了一个担负文化"大传统"精英的活动圈子,以律令为准则;另一个是以村庄为主要形态的庞大的共同体,其中形成了担负文化"小传统"的农民的活动圈子,以乡约族规为行为基准。③ 当用"大传统"与"小传统"这对范畴来审视我国调解制度的发展与变迁时,就会发现,官方关于纠纷的意识形态,以及国家通过法律和正式文件所规定的关于调解的规范与立法目的等,可以被视作具有特定价值取向的精英知识传统,即"大传统"。"它有很强的符号意味,并且表现出相当显著的文化选择色彩"④,因此也会随着时代的变迁出现明显的更迭与断裂。而人们进行调解的方式以及调解心理等,则属于小传统范畴,是人们在日常工作生活中形成的民间文化。其发展与变迁虽然不能排除精英文化的影响,但通常表现为一种自然演化的过程,具有较强的延续性。

3.2.1 关于纠纷解决之意识形态的断裂与变迁

"古代中国人在整个自然世界寻求秩序和谐,并将此视为一切人类关系的理想"⑤,在传统中国政治思想中占统治地位的儒学认为"天人之际,合而为一",倡行礼乐以应天配地,从而达致人与自然的和谐。"礼"是一套规定个人在其所处的社会关系和具体情境中的行为模式,其功能即为"别贵贱,序尊卑""秩序、责任、等级与和谐的观念"是"礼"的核心观点。"礼者别异,乐者和同","乐至则无怨,礼至则不争",在古代中国人看来,所有的纠纷与冲突都是对现有秩序的破坏以及礼崩乐坏的表现,因而纠纷解决旨在修复已被破坏的社会关系,寻求和解便成为顺理成

① 费孝通.重读〈江村经济·序言〉[J].北京大学学报(哲学社会科学版),1996(4).

② 梁治平.清代习惯法:社会与国家[M].北京:中国政法大学出版社,1996:2.

③ 季卫东.调解制度的法律发展机制——从中国法制化的矛盾情境谈起[A].易平译.载于强世功编.调解、法制与现代性——中国调解制度研究[M].北京:中国法制出版社,2005:13.

④ 梁治平.清代习惯法:社会与国家[M].北京:中国政法大学出版社,1996:128.

⑤ [美]李约瑟.李约瑟文集[M].沈阳:辽宁科学出版社,1986:338.

章的事情。

在新民主主义革命时期和社会主义计划经济时期关于纠纷和纠纷解决的观念则出现了明显的断裂,甚至走向了传统“和谐观”的反面。毛泽东思想中的矛盾论认为,矛盾具有普遍性。[①] 社会矛盾包括人民内部矛盾和敌我矛盾,而“不同质的矛盾,只有用不同质的方法才能解决”,因此,围绕“人民”和“敌人”而形成了不同的社会控制和纠纷解决政策:敌我矛盾须以专政的方法解决,而人民内部矛盾则须以民主的、说服和教育的方法解决,后者也决定了解决人民内部矛盾时对调解的偏好与倚重。通过对纠纷的调解,不仅仅是为了修复被损害的关系,更是要通过解决纠纷所代表的矛盾,“矫正”纠纷当事人的“意识形态”和“立场”。[②]

改革开放初期,人民调解工作得以恢复,并在解决民间纠纷中发挥了巨大的作用。20 世纪 90 年代,随着关于纠纷解决的政治意识形态的淡化和社会主义法制建设的推进,人民调解渐趋非政治化,由于人民调解协议不具有法律约束力,人民调解的功能也日渐削弱。21 世纪以来,我国进入了改革发展的关键时期,在建设“和谐”社会的理念下,“维护社会秩序的和谐稳定”被概念化甚至政治化,矛盾纠纷一度被视为影响社会和谐的不稳定因素而被强行抑制。中国共产党的十八届三中全会提出了“创新社会治理”的改革目标,将矛盾纠纷的调处和化解纳入依法治理的轨道。2014 年 10 月 23 日,中国共产党第十八届四中全会通过的《中共中央关于全面推进依法治国若干重大问题的决定》提出,“强化法律在维护群众权益、化解社会矛盾中的权威地位,引导和支持人们理性表达诉求、依法维护权益,解决好群众最关心的问题。”由此可知,新时期国家关于纠纷的意识形态已转化为:认为纠纷是人们表达诉求和维护权益的一种方式,调解则是维护群众权益和化解纠纷的一种机制。

由上述可知,在传统中国时期,纠纷的意识形态为“和谐”观,并对纠纷持有一种消极态度,认为是对社会秩序的破坏。在毛泽东时代,以“冲突观”为主导,认为矛盾处处有、时时有,并强调根据矛盾的不同采用不同的解决办法。改革开放以

---

① 矛盾普遍性原理包括两个方面的含义:其一是指矛盾存在于一切事物的发展过程中,其二是指每一事物的发展过程中存在着自始至终的矛盾运动。在事物的发展中,内部矛盾起决定作用,外因是变化的条件,内因是变化的根据,外因通过内因而起作用。根据矛盾的对立统一规律,矛盾诸方面具有同一性和斗争性,其中对立的统一是有条件的、暂时的、相对的,对立的互相排斥的斗争则是绝对的;有条件的相对的同一性和无条件的绝对的斗争性相结合,构成了一切事物的矛盾运动。——毛泽东. 矛盾论[M]. 北京:人民出版社,1975:1 – 59.

② Stanley Lubman. Mao and Mediation: Politics and Dispute Resolution in Communist China. California Law Review, 1967. Vol. 5. 1338.

来，关于纠纷的观念又重回传统的“和谐”观，但是在“和谐”观的基础上又有所变迁，即认为纠纷是人们表达诉求和维护权益的一种方式，调解则是维护群众权益和化解纠纷的一种机制。

3.2.2 调解组织的更替与传承

中国传统社会的一个特点就是人们聚村而居，并且“他们活动范围有地域上的限制，在区域间接触很少，生活隔离，各自保持着孤立的社会圈子”。[①] 由于地方性的限制，人们生于斯、死于斯，因此是一个没有陌生人的“熟人”社会。在熟人社会里，民间纠纷的解决很大程度上依赖于亲人和邻里的调解，这样的调解一般首先通过“中间人”来进行。这里的“中间人”就是指借贷、土地租赁、土地买卖关系中的“介绍人”或者“说合人”，也包括婚约关系中的“媒人”。对于婚姻家庭和邻里纠纷，如果没有中间人可以求助，村民们通常通过第三方来解决纠纷。这里的第三方包括宗族和社区中的年老有德者以及享有信用者，有时也还包括基层行政组织的一些负责人，如保甲长、村长等。[②] 当民间调解不能奏效时，随着当事人的呈递告状，纠纷就进入了官方审理过程，但在正式审理之前，大部分争端都得以解决。也就是说，在村社族邻的非正式性调解和州县衙门的正式性审判之间，有一个民间调解与官方审判发生交接、互动的中间阶段。在此阶段，正式制度与非正式制度发生交融和对话，并有既定程式，这就是上文提及的官批民调，黄宗智教授将这个半官半民的纠纷处理地带称为“第三领域”。黄宗智通过对巴县、宝坻、淡新诉讼文书的研究，得出如下结论：清朝的民事诉讼包括三个不同的阶段。“最初阶段”是知县收到当事人的诉状后，其初步反应就是依据当事人的陈述和有关律例，对不符合条件或发现所控不实的起诉做出拒绝受理的决定，对另一些认为值得考虑但又不必亲自过问的案件则交给乡保等基层负责人办理，有时也要衙役协助乡保办理。在“中间阶段”，官府会传讯纠纷当事人对质和证人到堂作证。如果在此阶段仍不能庭外和解，民事纠纷则进入“最后阶段”，即通过知县的堂审做出裁决。[③] 总之，在我国传统社会中，主持民间调解和官批民调的人员除了宗族和社区的长老、士绅和契约关系中的“中间人”以外，还包括县级以下基层组织如乡里、保甲、宗族、村

① 费孝通．乡土中国[M]．北京：人民出版社，2008：6.

② 黄宗智．清代的法律、社会与文化：民法的表达与实践[M]．上海：上海书店出版社，2001：51－74.

③ 黄宗智．清代的法律、社会与文化：民法的表达与实践[M]．上海：上海书店出版社，2001：107－130.

社、行会等的负责人。但官批民调与民间调解又有些不同:一是官批民调中调解人,基本是固定的基层组织的负责人;二是官府对这种调解已有备案,有些甚至已经给出了原则性的解决建议。“调解虽然设在公堂之外,但却有了官府色彩。”①

如本章所述,在第一次国内革命战争时期的工农运动中,民间纠纷不再由宗族长老、乡绅、士绅调解,而是由“农民协会”“工人俱乐部”这些新型的组织主持调解工作;第二次国内革命战争时期以政府调解为主,也即由村、乡、区各级苏维埃调解;抗战时期的调解主要由政府、群众团体和民间积极分子主持。自1949年新中国成立以后,中国共产党整合了一个世纪以前业已被分裂和削弱、后来又历经了数十年战乱的社会,通过经济重建和全面的社会变革巩固了他们的统治。“中国的权力等级体系包括国家和党的金字塔结构、诸如青年和妇女等的群众组织、作为正式组织之延伸的积极分子网络。”②根据1954年颁布的《人民调解委员会暂行组织通则》在每个乡和街道建立的调解委员会,即是由积极分子组成的、国家权力借以延伸至基层的组织网络。调解人员需要具有一定的政治觉悟、政治素质和政策水平,调解中所使用的语言、手段和策略都需为共产党的治理服务。改革开放以后,调解组织的建设有了新的发展,即调解组织的多层级化,以及专业性和行业性调解委员会的出现,具体内容在本书第一章已有论述,故在此不再赘述。与计划经济时期相比较,改革开放后人民调解已经褪去了之前浓厚的政治化色彩,人民调解员的政治素养和政策水平已不是重要的考量因素。

纵观我国各个时期的民间调解以及半官半民性质的调解,可以发现一个显著的不同点,就是各个时期的调解员与国家、社会的关系并不完全相同。在皇权不下县的传统中国,纠纷解决大多不在县官活动范围之内。除长老、士绅、德高望重者等民间人士以外,村庄、宗族、行会、乡里、保甲等基层组织的负责人并不是紧密的国家机构的固定成员。当他们解决纠纷、参与宣传儒家意识形态时,也担当了正式国家机构的辅助者。但是,这些解纷者并不对县官正式负责,而是企图保护并深化自己的利益,甚至有时会与官方利益发生冲突,并且村庄、宗族、行会解决其内部成员之间的纠纷,部分目的就是为了增加其独立于政府的自治能力。在社会主义中国,国家与社会之间的关系更加紧密,国家对社会的控制比过去更加深入和全面。新中国成立初期的调解员是政府机关的干部或其分支机构的积极分子,他们在解

① 曾宪义.关于中国传统调解制度的若干问题研究[J].中国法学,2009(4).

② 陆思礼.毛泽东与调解:共产主义中国的政治与纠纷解决[A].许旭译,王笑红校.载于强世功编.调解、法制与现代性——中国调解制度研究[M].北京:中国法制出版社,2005:146.

决纠纷的时候代表着国家,要宣传和传达党的政策,并受基层政府的领导和监督。改革开放时期,人民调解的政治化色彩有所淡薄,人民调解组织被法律定位为群众性自治组织。然而,如上文所述,实践中人民调解组织的设置却具有较强的行政依附性,调解员的身份与国家的联系较为紧密,其解决纠纷的直接目的并非增强所在社会组织的自治能力,而是需要对国家负责。

最后,还需提及的是,从西周时期的"调人"、秦汉时期的"三老",到明清时期的里长、保甲长等,再到现在的人民调解委员会,中国社会各个时期的调解制度都注重充分发挥基层组织的纠纷解决职能,这可以说是我国传承至今的一个重要的传统资源。

3.2.3 调解功能的异化与回归

"调解意在通过抑制并了结纠纷而维持公共秩序和经济活动的有序运作。调解还意欲通过一种迅捷有效的、高度非正式的方式了结个人之间的不良情感。"①调解是一种平和、廉价的纠纷解决方式,其本原功能即为解决纠纷。对此已形成共识,无需多述。此外,调解是一种与儒家文化高度契合的纠纷解决方式,儒家思想中的"和谐"观以及对"礼""让"和自省精神的强调和倡导,都决定了我国的调解制度还具有另外一种重要的功能,即教化功能。总之,调解给纠纷当事人提供了一种低成本的、基于儒家伦理的、并具有广泛可接受性的纠纷解决办法;此外,由于调解强调避免冲突、强调对适当规则的遵守,所以调解在维护社会秩序的同时也传播和传承了儒家伦理和价值观。在我国传统社会中,调解的功能包括纠纷解决功能、教化功能和维护社会秩序功能。

在毛泽东时代,由于关于纠纷解决的意识形态的变化,矛盾论以及通过斗争解决矛盾的需要,要求在调解过程中运用"批评"与"自我批评"的方式而不是避免冲突。这个时期的调解并不像传统时期的调解那样,在一种高度私人化和特殊关系的背景里的讨价还价和进行教谕,而是旨在一种更大的国家视角和政治目标。因此,在毛泽东时代,除了解决纠纷和维护社会秩序以外,调解制度的功能被高度政治化,换言之,调解制度已成为一种思想改造和社会控制的工具。

调解的思想改造功能主要通过说服教育得以实现,而说服教育的载体则为政

---

① 陆思礼.毛泽东与调解:共产主义中国的政治与纠纷解决[A].许旭译,王笑红校.载于强世功编.调解、法制与现代性——中国调解制度研究[M].北京:中国法制出版社,2005:79.

治化的调解组织和调解标准。第一，调解组织的政治化。在集体化时期，人民调解被要求支持国家的“中心工作”，作为国家干部或者政治上积极分子的人民调解员，被鼓励去遏制农民“自发的资本主义”，并协助党和政府官员动员群众签署公约。这个时期调解委员会的重要作用就在于，通过解决纠纷和动员来进行思想教育、支持生产并执行经济政策。正如叶谷霖所言：“调解委员会是人民群众进行自我教育，运用自己的力量解决自己的问题的良好形式；是党向人民群众进行经常的思想教育和开展两条道路、两种思想斗争的良好工具；是贯彻执行党的总路线、促进大跃进，巩固和发展人民公社的有力工具；也是协助人民法院进行政策宣传教育和解决民间纠纷的有力助手。”①第二，调解标准的政治化。所谓调解标准的政治化，是指当事人之间的纠纷、发生纠纷的原因以及替代性的解决方案，都被赋予了政治意义。无论调解者在调解具体纠纷的过程中是否阐明政治问题，也无论政治化对具体纠纷的解决可能会有多大的影响，但政治化的目标以及惯常性的影响都是客观存在的。有时属于纯粹私人问题的纠纷，调解员可能会将其扩大化、抽象化为国家的政策问题。譬如，房东被告知为了国家利益应该帮助房客，而不是收租金；不能协调婚姻生活与工作时间的年轻新婚夫妇被告知必须为国家建设服务；虐待妻子的丈夫被定性为“封建”；婆婆与儿媳发生口角被认为是起因于婆婆的“旧思想”。②

调解作为一种社会控制工具主要通过调解员的信息采集和监控、说服教育以及对制裁权的援用而实现。调解员作为积极分子或干部，属于党和国家机构的组成部分，其工作职能自应服从党和国家的目标，即维持和加强党的控制。积极分子调解员与公安机关和党组织保持着密切联系，国家要求他们了解和掌握纠纷当事人的活动及思想动态，帮助公安机关探明和抑制反社会行为，帮助镇压“敌人”，改造“坏分子”。在经过说服教育之后，如果纠纷当事人仍拒绝配合，接下来可能会启动更强有力的说服，包括大会小会上的教育与批斗、在个人档案中记过、取消福利等。

改革开放以后，调解的首要功能又回归到以非政治化的途径解决民间纠纷。在毛泽东时代，将纠纷政治化的后果就是，解决纠纷有时并不是在解决具体的纠纷，而是将纠纷简单化地归于抽象的政治原则。如夫妻因婚姻生活不和谐要求离

---

① 叶谷霖. 充分发挥人民调解工作为建设社会主义服务的作用[J]. 政法研究，1964(4).

② Stanley Lubman. Mao and Mediation：Politics and Dispute Resolution in Communist China. California Law Review，1967. Vol. 5. 1326－1328.

婚,却被告知要为国家建设服务,而"夫妻生活不和谐"的这一纠纷事实却被忽视。实际上这不是解决了纠纷,而是压制了纠纷。调解的非政治化意味着调解要关注纠纷本身,并按照纠纷当事人所提的问题来提出解决方案或者替代性的解决方案。此外,我国现阶段"纵向到底,横向到边"的调解组织网络,除了给民众提供经济便捷的纠纷解决方式以外,也具有了解社情民意、采集治理信息的职能,通过"群防群治",对纠纷进行预防、排查和化解。因此,现阶段的调解也是国家改进社会治理方式、实现综合治理和源头治理的一种手段,除具有纠纷解决的功能以外,还具有社会治理的功能。

3.2.4 调解方式的延续——调解员主导型调解①

在我国,调解绵延数千年,在社会发展的不同历史时期,虽然调解制度的内容及其所承担的功能有所变迁,但调解方式作为人们的价值观念和行为方式在调解场域的反映,则具有一定的保守性和稳定性。本书认为,以调解员在调解中的地位和作用为分析视角,我国各个时期通行的调解方式均为调解员主导型调解,即在调解程序的启动和推进、纠纷事实的调查、协议方案的提出等各个环节中,调解员起主导作用。调解员主导型调解的主要特征包括以下内容:

从介入的方式而言,调解员有权主动介入解决纠纷,积极启动和推进调解程序。虽然调解都应以当事人的自愿为依归,但在我国传统社会中,基于特定的文化背景和社会心理,出于"热心""公心"而主动介入他人纠纷,积极进行调解,不但没有遭遇合法性质疑,反而具有较高的社会认同度。如,"调解委员会的干部闻声赶到……经过调解主任严肃的批评和细致的教育工作,双方同意由调解委员会来解决";②"模范调解员吴大娘在街上走,听到一家在打骂孩子,她马上就到邻近的群众家去打听……吴大娘在群众的协助下三番五次上门教育劝说,并对这种虐待孩子的行为进行了批评,最后终于使李平悔悟过来,彻底改正了错误,现在对孩子很好。大家都称赞吴大娘真有办法。"③近年来,在我国"大调解"工作体系的构建中,

① 廖永安,侯元贞.论我国调解模式的变迁——以调解员在调解中的地位作用为分析视角[J].湘潭大学学报(哲学社会科学版),2014(6).

② 长鸣.人们调解故事集[M].北京:法律出版社,1984:1.

③ 鲁荣田,许彬.模范调解员吴大娘[N].光明日报,1955-1-14.转载于强世功.调解、法制与现代性:中国调解制度研究[M].北京:中国法制出版社,2005:117.

司法调解、行政调解的能动性都有所强化。同时,各地结合具体的实践经验,探索了很多提升人民调解功效的做法,对人民调解制度的创新层出不穷。各地积极推行人民调解组织网格化管理模式,其中村组、社区的调解员、信息员当发现有纠纷或纠纷苗头时,可以就地进行调解;调解员、信息员个人调解不了的,将纠纷上报给村(居)一级的调解委员会,村(居)一级解决不了的,再上报给乡镇街道一级的调解中心,直至县市一级的联合调解中心,力图做到"小事不出村,大事不出镇,难事不出县"。在矛盾纠纷的有效化解中,调解员、信息员"主动出击",各级调解委员会对疑难复杂纠纷不厌其烦地一次次召开协调会,都表明了我国调解员在调解程序中的主动性和积极性。

从介入范围而言,在调解过程中,调解员通常积极调查案件事实,主动给出调解方案。在传统的宗法社会,维护礼治秩序,解决"子民"间的纠纷,本就是长老、乡绅、长官的"分内"之事。在调解中,有时甚至无需查清纠纷事实,无需分清当事人之间的是非对错,作为伦理道德和价值规范之代言人的调解者直接针对当事人的纠纷行为进行训导和教化,并作出评判。① 在新民主主义革命时期和社会主义计划经济时期,调解除了承担着纠纷解决的功能以外,还承担着政治动员、思想改造和社会控制的功能,因此,在调解中,调解员往往也会直接给出调解方案让当事人接受。② 近年来,随着社会的变迁,虽然法规层面的价值取向是调解的自愿性和自治性,但在维护社会稳定的压力下,通过"大调解"格局的构建,调解的社会治理功能都得以强化。在此背景下,调解员调解纠纷的旨趣则在于平息纠纷、案结事了、将矛盾化解在基层。在调解程序中,调解员通常会积极主动地对纠纷事实予以调查,并在查清事实的基础上,调解员会习惯性地依据情理或法律给出解决方案。

从调解主体之间关系的基本结构而言,调解员与当事人之间的关系为主体—客体关系,且主要表现为自上而下的说教与说服。调解员主导型调解中存在两类关系,即调解员与当事人之间的关系以及各方当事人之间的关系,前者的作用远远大于后者,甚至当事人之间往往都无法进行有效沟通从而使当事人之间的关系趋于虚化(见图3－1)。调解员与当事人之间的相互关系主要表现为自上而下的说教与说服,即以调解员对当事人的说教为主,而当事人的情绪发泄与利益诉求的表达则受到不同程度的压制(见图3－1)。其中调解员对当事人说教的主要依据则

① 胡旭晟.狱与讼:中国传统诉讼文化研究[M].北京:中国人民大学出版社,2012:881－899.费孝通.乡土中国[M].北京:人民出版社,2008:69－70.

② 侯欣一.从司法为民到人民司法:陕甘宁边区大众化司法制度研究[M].北京:中国政法大学出版社,2007:181－312.

随着时代的变迁而不同:在传统社会,说教的主要依据为伦理道德;在新中国成立后至改革开放前,主要依据为国家政策和共产主义道德;改革开放以来,则主要依据法规、政策和情理进行劝服。

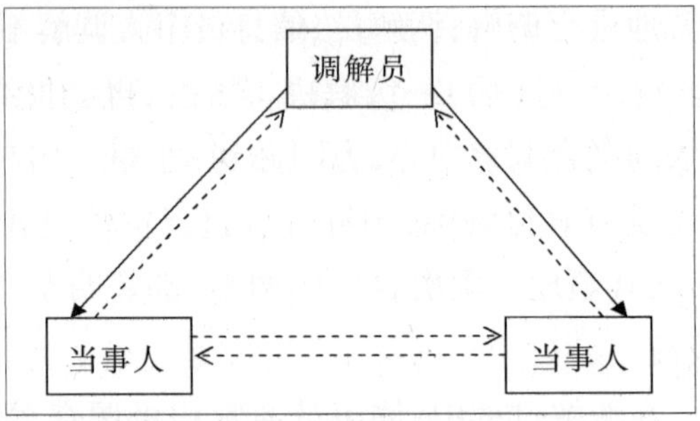

图 3-1 调解员主导型调解的关系结构图

3.3 我国传统调解的产生基础

3.3.1 文化心理基础:“和合”文化与“无讼”观

寻求人与自然以及人际间的“和谐”是中国传统文化的重要内容。对中国传统文化影响巨大的儒、法、道三家,虽然采取的方法和途径各异,但他们所追求的终极社会政治的目标和理想,就是秩序的和谐。中国的思想文化史经历了春秋战国时期短暂的异彩纷呈之后,汉武帝时期,儒生董仲舒提出“罢黜百家,独尊儒术”,自此,在兼容并包其他各家思想之后,儒家思想成为了两千多年来中国传统文化的主流和正统思想。在儒家思想的和合观中,其所向往的理想社会为君主礼贤下士,民众淳朴率真。《论语》有言,“礼之用,和为贵;先王之道,斯为美。”“和为贵”,既是中国人所追求的一种境界,也是中国人人际行为的准则,它要求人们在处理人际关系时做到仁爱和礼让。“中国人在平衡人我关系与群我关系时,流露出来的尚和心态的‘和’,其中心含义主要是相安、协调、适中、团结、平息争端之意……而就和所含的意蕴及其可能产生的影响来说,在消极方面,是各种互相对立性质的东西的消解;在积极方面,是各种异质的东西的和谐统一。”即便是在当下的社会转型期,“和为贵”的观念已深深扎根于中国人的心里。汪凤炎等人曾就现代中国人的“尚和”心态做过一项问卷调查,问卷中,对于“在下列诸种人际关系中,您最推崇哪一种?”这一问题,在所调查的人群中,约 86.67% 的人选择了“和谐”,约10.00%

的人选择了“相互竞争”，约3.33%的人选择了“淡如水”，选择“冷漠”的人为0，这组数据同样表明中国人最推崇和谐的人际关系。[①]

中国人的“尚和”心态，在诉讼文化领域则表现为“无讼”，而对“无讼”理想的追求则化为“息讼”的努力。“历山之农者侵畔，舜往耕焉，朞年甽亩正。河滨之渔者争坻，舜往渔焉，朞年而让长。东夷之陶者器苦窳，舜往陶焉，朞年而器牢。”[②]这不仅宣扬了舜的人格魅力和处事躬亲的作风，也表明了舜是一位以德化人、息讼止争的能手。除了以德化人之外，以礼明人、使民遵行礼仪、忍让谦和从而远离诉讼也为“息讼”的重要手段。

总之，在中国传统的“和谐”文化观念中，纠纷是对既有秩序的破坏；而人们的“尚和”心态及“无讼”观念使人们在有纠纷发生时，希冀以一种平和的方式解决纷争，企盼“和事佬”出面帮忙“打圆场”。调解人员的主动介入、全面介入甚至强制调解就因此获得了道德上的正当性。

3.3.2 社会经济基础:“人治”社会与农业经济

调解员主导型调解产生于“人治”社会。“一般而言，所谓的人治是指国家实现治理社会的国家职能，不是依靠按照法定程序事前制定的具有普遍约束力的规范性法律文件，而是依靠个人的意志和权威。”[③]在我国封建社会，儒家所推崇的礼治其实就是一种人治，首先儒家的“礼”公开维护人与人之间的不平等，“上下有义、贵贱有别、长幼有等、富贵有度，凡此八者礼之经也”。[④] 而要维护这种不平等，则要“道之以政，齐之以刑，民免而无耻；道之以德，齐之以礼，有耻且格”。[⑤] 即强调贤人政治，治理国家不是依据外部客观的法规范，而是“为政在人”。对于1949年至改革开放前的中国社会结构，被学者用“全能主义结构”[⑥]“总体性社会”[⑦]或者“单位制”[⑧]来概括。中国的单位制是建立在社会主义公有制、中央计划经济体

① http://wangfengyan2009.blog.163.com/blog/static/129411250201322295529 2/.访问日期:2014－12－10.

② 《韩非子．难一》。

③ 杨建军.中国近现代刑法进化论纲[M].北京:中国法制出版社,2011:193.

④ 《管子》卷三,五辅。

⑤ 张燕婴译注.论语[M].北京:中华书局2007:13.

⑥ 萧功秦.与政治浪漫主义告别[M].武汉:湖北教育出版社,2001:68－69.

⑦ 孙立平.现代化与社会转型[M].北京:北京大学出版社,2005:157－175.

⑧ 李路路.“单位制”的变迁与研究[J].吉林大学社会科学学报,2013(1).

制和共产党的领导基础之上的。在中国传统的社会主义社会中,一切微观的社会组织都是“单位组织”,是国家进行社会整合、社会控制和资源分配的组织化形式。每一个单位组织都被组织到国家的行政等级制度中,并具有一个相应的行政级别;在单位组织中普遍设立的党组织,在政治上和法律上代表党和政府。在中国传统的社会主义社会中,国家控制着绝大部分的资源和机会,然后国家再通过单位组织将资源分配到个人,所以这样就形成了国家—单位—个人之间强制性的依附关系结构。① 总之,这是一个社会整合度极高的社会,通过单位制,即户籍制和档案制,所有成员都被固化在一定的社会位置上,所有的社会资源都集中在党政系统。整个社会采用层级管理和控制的方式,每一个下级对其上级负责,每一个“单位”的权力集中在一个或少数几个人手中。这种治理模式被学者称为“权治”社会。②“权治”社会的本质不同于“礼治”社会,但也属于“人治”社会的范畴。中国传统“礼治”社会的基本单位不是个人,而是个人所处的社会单元:家庭、宗族、村庄和行会;③“权治”社会的基本单位也不是个人,而是个人所处的单位或生产队。因此,“人治”社会对纠纷调解的影响主要表现在:“人治”社会是国家本位、权力本位的社会,个人的人格和尊严都湮没在“礼治”秩序或者“权治”秩序中,社会伦理道德的代言人或者国家权力的掌控者主动介入他人纠纷并主导调解程序,实属必然。

同时,传统社会的农业经济也促进了调解员主导型调解的产生。在我国传统社会,农业在社会经济中占统治地位,农业人口也占全国总人口的大多数。这种农业经济对纠纷解决产生的深远影响主要表现为:首先,传统社会以自给自足的小农经济为主,“在无需向地处遥远的官府或不在乡地主缴纳高额租税或承担其他负担的情况下,村庄和农户总是可以发展出并且维持着大体上还算充裕的资源,以满足其不断膨胀的人口的基本需要。”④这种小农经济决定了传统社会的纠纷类型比较简单,对于纠纷调解者也没有特别的要求。其次,自给自足的小农经济决定了人口的流动率小,聚村而居的农民活动范围有地域上的限制,因此乡土社会是一个没有陌生人的熟人社会。熟人社会是一个关系社会,人与人之间通过亲戚、邻里、师生、同学、朋友、同事、上下级等关系,将本来就不大的生活圈子里的人们纳入到一

① 路风. 单位:一种特殊的社会组织形式[J]. 中国社会科学,1989(1).

② 郭星华. 社会转型中的纠纷解决[M]. 北京:中国人民大学出版社,2013:262.

③ Stanley Lubman. Mao and Mediation: Politics and Dispute Resolution in Communist China[J]. California Law Review, 1967. Vol. 5. 1294.

④ [美]吉尔伯特·罗兹曼. 中国的现代化[M]. 国家社会科学基金“比较现代化”课题组译. 南京:江苏人民出版社,2010:90.

个错综复杂的人际关系网中。这种人际关系网就像一张蜘蛛网，而人就像依托蜘蛛网生存的蜘蛛，人们只有维护好这张网，才可以捕到食物以维持自己的生存。因此，“尚和”“畏争”变成了人际关系网中个体的理性选择。熟人社会必定又是人情社会。在熟人社会里，人与人之间的关系“剪不断，理还乱”，在处理人际关系时提倡“合情合理”“通情达理”，切忌“撕破脸面”，否则就会受到来自社会舆论和群体规范的压力。在熟人社会里，“情”“理”和“面子”具有举足轻重的作用。同时，传统熟人社会也是一个礼俗社会，居住在地方共同体的人们相互守望帮扶，拥有着大致一体的价值观。纠纷发生后，作为第三人的调解者基于他们共同的价值观而做出的调解方案，往往会获得较高的认同度。最后，在传统农业社会里，气候是决定人们生存的关键因素。从总体上看，中国古代的生产力发展水平不高，再加上自然条件恶劣，导致中国的农业生产主要是一种粗放型经营。粗放型经营意味着只有靠投入大量的劳动力才能获得农产品的增收，这就要求人们要具有协作共事的精神。因此，“中国人一贯主张社会重于个体，提倡牺牲个体利益以维护社会利益，提倡群体内部的团结与和谐等等，导致社会取向成为中国人社会适应的基本方式”。这种价值取向也使得中国人在处理人际关系时长于“克己”“自省”，较为注意顾全大局，喜欢以“和”为贵，对不团结和涣散颇为反感。①

3.3.3　权威来源：长老权威、道德权威和国家权威

总体而言，官府调解的权威主要来源于国家权威，民间调解的权威则主要来源于民间权威，但不同时期的调解所倚重的权威并不一致。在“皇权不下县”的我国传统社会，地方共同体（以村庄为主要形态）的维系主要依赖于儒家观念及其代言人，即长老与乡绅，因此民间调解的权威主要来源于长老权威和道德权威。主持民间调解的长老与乡绅等都是家族的族长或德高望重之辈，其权威性则来源于他们的高“辈分”或“道德”，而这又是由我国古代家国一体的社会格局及其赖以存续的礼治秩序所决定的。在中国，“家”字具有极大的伸缩性，它可以指由父母和未成年孩子组成的家庭，也可以指“天下”。正如费孝通先生所言：“我们的社会结构本身和西洋的格局是不相同的，我们的格局不是一捆一捆扎清楚的柴，而是好像把一块石头丢在水面上所发生的一圈圈推出去的波纹。每个人都是他社会影响所推出

① 李庆善著. 中国人新论——从民谚看民心[M]. 北京：中国社会科学出版社，1996：46－52.

去的圈子的中心。被圈子的波纹所推及的就发生联系。”[①]在这种以血缘和地缘关系相结合组成的社会格局中,辈分高、年龄大者为尊。这是因为以小农经济为主的社会也是属于地方性的社会,人们根据前人一代一代积累出来的经验足以满足当前的生活。因此,在这样的社会中,“传统”便获得了极其重要的地位,而通晓“传统”的长辈和长者便具有了无可挑战的权威。同时,在儒家思想的浸淫下,维系社会关系网络的伦理道德融合在“别贵贱,序尊卑”的“礼”中,“亲亲尊尊、长幼有序、父慈子孝、兄友弟恭、夫义妇听、长惠幼顺”就成了人与人之关系网络的纲纪。在传统中国,社会范围是从“己”“推”出去的,而这个“推”的过程即为将不同的伦理纲常运用于不同的关系网络。另外,在这种由“己”“推”出去的差序格局里,家国天下,公与私相对而言,其界限模糊不清,人们可以着手的,具体的只有“己”,于是“克己”就成了社会最重要的德行。因此,在儒家思想中,这种差序格局的维系重在个人的自律与修身,“克己复礼为仁”“本立而道生”,“德高”者自“望重”。

新中国成立后至改革开放初期,民间调解(主要是人民调解)主体最主要的变化就是调解人员的“干部化”,“从过去的社区自生的高威望人士,一变而为国家的‘干部’。当然,他们的身份同时是村庄社区的成员之一。这个时期村庄的纠纷,多由生产队队长、党支部委员(包括妇女主任)、村治保主任、大队队长、大队支部书记等村庄干部处理”。[②] 在人民公社时期,虽然村民之间互动频繁,但由于实行集体经济,因此涉及实质利益的纠纷却很少,一般说来主要是因为家长里短说闲话,孩子打架引起的争吵。而“这些纠纷化解起来非常容易:有的是双方当事人自己就解决了;有的由现场其他村民解劝;还有的稍大点纠纷经小亲族内部的老人或者生产队干部调解成功,极少有纠纷需要大队一级来解决的”。[③] 可以说这时期民间调解的权威来源是民间权威与国家权威的结合。

近年来,由于社会转型而导致矛盾纠纷急剧增多,同时维系乡村共同体的民间规范的约束力软化,笔者认为,我国当前社会秩序的维系和纠纷的调解更多的是依赖于国家权威。这主要体现在:在我国“大调解”工作体系的构建中,司法调解和行政调解的调解主体为公权力机关,司法调解和行政调解即为公权力的一种行使方式;我国当前的人民调解(民间调解的主要形式)为“政府主导型”人民调解,在实践中,我国现阶段的人民调解组织主要分为三级或四级:村(社区)人民调解委

① 费孝通.乡土中国[M].北京:人民出版社,2008:28.

② 黄宗智.过去与现在:中国民事法律实践的探索[M].北京:法律出版社,2009:40.

③ 董磊明.宋村的调解:巨变时代的权威与秩序[M].北京:法律出版社,2008:98.

员会;乡镇(街道)人民调解委员会;县、市级人民调解委员会或人民调解联合会。乡镇(街道)、县、市级的人民调解委员会成员主要为以司法行政人员为主体的国家公职人员,虽然这些人员在进行调解时不是"正式"行使国家权力,但其国家公职人员的身份或与公权力的紧密联系无疑会有利于调解程序的推进、调解协议的达成乃至调解协议的履行。村(社区)一级的人民调解委员会一般由村居委成员构成,虽然村居委成员并非体制内成员,但其作为国家权力的"代理人"却与"体制"有着紧密的联系。

3.4　现阶段政府主导型人民调解的生成与运作逻辑——策略主义

3.4.1　何谓策略主义?

策略主义是我国学者用以解释我国乡镇政权运作逻辑的一种理论模式。策略主义逻辑就是指乡镇政权的运作缺乏对长远目标的谋划,缺乏稳定、抽象和普遍主义的规则,为了某个暂时性或阶段性的目标,权宜性地运用各类方法、技术、规则和手段,而不论其性质和实施成本如何。[①] 实践中的"摆平就是水平""没事就是本事"即是对这种策略主义逻辑的生动解读。

为了更好地理解策略主义逻辑,有必要介绍目前国内外学界关于中国乡镇政权运作逻辑的另外两种理论解释模式。第一种为"理性主义"模式,这种模式以韦伯关于现代官僚制的理性主义原则为参照,以现代性的公共规则和公共制度来关照我国乡镇政权运作的逻辑与特性;第二种为"简约主义"模式,这种模式是黄宗智对我国以准官员和纠纷解决为主的半正式基层行政模式的概括,其特征为低成本、低负担,但却高效率。

在韦伯看来,与传统组织类型相比,官僚制组织使得行为具有稳定性和可预期性,即具有"理性"特征。这些理性特征包括:权限和行动由法规明确规定并通过层级制来协调;强调非人格化的特殊品格,组织成员严格遵照规则,保持公平、情感中立的态度,以一种形式主义的、非人格性的精神行事;组织活动越来越受专业知

① 欧阳静.策略主义与维控型政权[D].武汉:华中科技大学博士学位论文,2010.

识和专家的控制。① 换言之,韦伯理性官僚制的各要素,都意味着形式、程序和规则,而非人格的制度规则是保证官僚制理性主义特性的基本前提。以官僚制组织的发展为视角,20 世纪以来,中国的国家政权下沉,国家机构比之前任何时代都更加深入社会,基层政权组织依官僚主义的理性原则设置而成,机构健全、职能明确、制度完备,国家政权建设清楚地显示了一条"官僚化"之路。然而,正如学者们所观察到的那样,乡镇政权的实际运作并非遵循官僚制的理性主义原则,其特性与现代官僚制的理性化、制度化特征相去甚远。②

在黄宗智看来,韦伯的理想化治理模式——世袭主义君主制和官僚制,以及关于中国历史实际的"世袭主义的官僚制",都只局限于政府的正式机构和功能,是从国家和社会非此即彼二元对立概念出发的思路。沿袭这样的思路,治理问题便局限于与民间社会对立的政府机构上,但这样的概括并不能涵盖与政府协作、在公共事务和地方治理中扮演着重要角色的乡保、乡地、村长、"非法官员"、士绅、商人精英等。于是他提出了在国家与社会之间存在着一个"第三领域",以突出国家与社会在这一领域内的相互重叠与协力合作。乡保等准官员在国家与社会之间的灰色领域内运作,同时向县令以及提名他的地方社区负责。针对这一治理进路和政府的整体组织,黄宗智提出了"集权的简约治理"的概念。之所以是中央"集权",是因为帝国以皇帝个人名义声称拥有绝对权力,行政权威聚集在中央,并没有分割于政府各部门,也没有为政府和市民社会所共享。中央集权制要求政府机构保持最少数量的科层,以免造成地方性的世袭分割,同时,从小农经济中抽取的有限赋税也限制了官僚机构的充分科层化。这样一个简约的正式官僚机构也就导致了对准官员进行半正式治理的简约行政方法的依赖,"中华帝国在其政府与社会的关键性交汇点上的实际运作,则寓于半正式行政的治理方法、准官员的使用以及政府机构仅在纠纷发生时才介入的方法……帝国时期遗留下来的这一治理传统,有一定部分的内涵在国民党时代、毛泽东时代和改革时代的治理中留存下来"。③

学者们的观察和研究已经证明了当代中国乡镇政权的运作并非遵循理性主义逻辑,在此不做赘述。黄宗智认为,依赖于半正式治理的简约主义逻辑的一部分内涵持续至现今的改革时期,并有可能在中国追求具有自身特色的政治现代性中起

---

① [德]韦伯.经济与社会第2卷[M].阎克文译.上海:上海人民出版社,2010:1095-1144.

② 孙立平,郭于华."软硬兼施"——正式权力非正式运作的过程分析——华北B镇订购粮收购的个案研究[A].载于清华社会学评论特辑[M].厦门:鹭江出版社,2000.吴毅.小镇喧嚣——一个乡镇政治运作的演绎与阐释[M].北京:三联书店,2007.申端锋.维权与治权[D].武汉:华中科技大学博士论文,2009.

③ 黄宗智.过去和现在:中国民事法律实践的探索[M].北京:法律出版社,2008:62-87.

到一定的作用。本书认为,简约治理的概念关注的是半正式基层行政的实践样态,并没有考虑到与此实践相适应的社会基础,即以"长老统治"和"礼"所维系的乡土社会,或者可以说是承载简约主义模式的"权力的文化网络"。"权力的文化网络"是杜赞奇用以分析乡村权力关系的一个理论框架。这里的"权力"(power)一词是一个中性概念,它是指个人、群体和组织通过各种手段以获取他人服从的能力,这些手段包括暴力、强制、说服以及继承原有的权威和法统。权力的文化网络包括不断相互交错、相互作用的等级组织和非正式相互关联网。诸如市场、宗族、宗教的等级组织以及庇护人与被庇护者、亲戚朋友间的相互关联,构成了施展权力和权威的基础。"文化网络"中的"文化"一词是指扎根于这些组织中、为组织成员所认同的象征和规范。这些规范包括宗教信仰、内心爱憎、亲亲仇仇等,他们由文化网络中的制度与网结交织维系在一起。这些组织攀援依附于各种象征价值,从而赋予文化网络一定的权威,使它能够成为地方社会中领导权具有合法性的表现场所。①但是,无论是费孝通的以"长老统治"和"礼治秩序"为元素的"乡土性",还是杜赞奇的"权力的文化网络",都是对晚清和民国时期的乡村社会之特性的概括,经过大半个世纪以来的社会变迁,简约治理模式所嵌入的社会关系已经发生了嬗变,简约主义模式已无法解释当前基层政权的运作逻辑和特性。

当下乡镇政权的运作逻辑和特性不是理性主义的,也不是简约主义的,而是一种策略主义的逻辑。因为在基层政权的运作实践中,为了达到某个暂时性或阶段性的目标,似乎一切都可以变通,一切都可以用策略来应对。"乡镇运作目标的达成几乎是与运作对象相权益的产物,这种非正式运作的结果往往造成形式上的名实相符和实质上的名实分离。"②乡镇政权运作的策略主义逻辑是财政资源匮乏、压力型体制、传统的权力文化网络正在解体而新的权威和秩序尚未建立的乡土社会等多种关系和因素共同形塑而成的。受制于这些因素的乡镇政权无法对社会公共服务和社会问题进行自觉回应,也不具有对乡村社会进行日常性治理与服务的能力及主动性,只能以策略主义的逻辑,运用一切正式、非正式的资源和手段,来维持社会的基本稳定和底线秩序。还需说明的是,"策略主义"不同于具体的"策略",策略主义是一种只问结果、不问手段和方法的行为原则,而策略是一种纯粹的权力技术和方法。策略主义既包括灵活的、因地制宜的、具有合法性和正当性的

---

① [美]杜赞奇.文化、权力与国家——1900-1942年的华北农村[M].王福明译.南京:江苏人民出版社1996:前言4-5.

② 欧阳静.策略主义与维控型政权[D].武汉:华中科技大学博士学位论文,2010.

策略,也包括不讲原则、与组织运作的目标相背离、甚至不具合法性与正当性的策略。一言以蔽之,策略主义的关注点是运用策略和手段的短期效用,权力的运作缺乏抽象普适的原则以及基本的价值立场。

在纠纷解决领域,人民调解的行政化既是基层政权策略主义运作逻辑的结果,也是策略主义逻辑的表现。政府主导人民调解,即是以暗渡陈仓的方式用行政组织替代群众自治性的人民调解组织。以人民调解之名进行矛盾纠纷的调处和化解,这样就使行政权力的非规范化、非正式化的运作具有了合法性,所达成的调解协议的性质由于是人民调解协议,从而就具有了《人民调解法》所赋予的法律效力,成功避免了当前行政调解协议书不具法律约束力的状态。

政府主导型人民调解的策略主义逻辑,就是指这种纠纷解决机制并不是一种长效的、制度化的常规性治理机制,而是应对当前纠纷多发、矛盾尖锐之社会现实的产物,具有动员式和权宜性的特点;在纠纷解决过程中,通过正式权力的非正式运作,功利性地运用各种手段、策略和方法,不计成本地动用体制内外的各种资源,以寻求矛盾纠纷的调处和化解。政府主导型人民调解不同于诉讼的规范化、程式化和理性化,也不同于自治型调解对当事人主体性和自愿性的保障。由于"不稳定幻象"①的存在,导致过度追求社会秩序的和谐稳定,为了平息本案纠纷,"不问过程,只问结果",各种让人匪夷所思的"摆平术"大行其道,行政权力的运作缺乏稳定、抽象和普遍适用的规则,具有随意性和权宜性。因此,政府主导型人民调解的运作逻辑是策略主义的。

3.4.2 为何策略主义?

立法规定具有群众性和自治性的人民调解,其运作却是行政化的。名不符实、实践背离立法的现状由多种因素决定的,其中既包括传统文化的延续与行动者之习惯,如"父母官"的"为民做主""厌讼""讨说法"等意识与行动,也包括制度发展变迁过程中的惯性作用,即路径依赖,也还有基于现实的理性选择。由于上文中已对文化心理基础有所阐释,在此不做赘述。

1.历史因素:我国组织化调控治理模式的路径依赖性使然

路径依赖(Path - Dependence),又译为路径依赖性,它一般是指人类社会中的

① 所谓不稳定幻象,其实就是一种以为社会矛盾很多、很严重,发生社会动荡的可能性很大的主观感觉。在这样一种幻觉之下,许多日常生活中的一般性矛盾和冲突都很容易被视之为"不稳定因素"。孙立平.消除"不稳定幻象"[J].乡音,2008(6).

技术演进或制度变迁均类似于物理学中的惯性,即一旦进入某一路径(无论是"好"还是"坏"),惯性的力量会使这一选择不断自我强化,并可能对这种路径产生依赖。换言之,路径依赖就是由先前已经存在的制度框架所形塑的社会变迁轨迹。在从传统中国到现代中国的转型过程中,社会控制与整合的载体也从权力的文化网络演变为权力的组织网络,国家治理模式的主要特征为执政党主导的组织化调控。人民调解组织作为党和国家的权力末梢,从其产生之时就承担着整合和控制社会的政治功能。

传统中国作为文化同质性程度很高的政治共同体的长期延续,其内在机理可以概括为:政治制度体系有效地容纳了家族、乡绅的自治空间,同时,通过儒家价值体系、伦理道德的教化实现对基层社会的整合与控制。杜赞奇认为权力有其赖以生存与扩张的文化网络,而后者决定了前者的权威性与合法性。"权力的文化网络"是由各种集团和组织交织而成,在传统中国,文化网络不仅沟通了乡村居民与外界的联系,也是国家政权深入基层社会的基本渠道。权力趋向于坐落在文化网络的交叉点上,文化网络则构成了权威存在和施展的基础。① 进入近代以来,随着乡村精英大量从乡下迁居城镇,国家—地主—农民之间的关系发生了复杂的演化,这种结构变迁的累积力量并没有重新修补和恢复通过传统文化有机整合的共同体形式。并且随着西方列强的入侵以及军阀混战,中断了中国传统政治、社会的有机整合逻辑,底层社会结构呈分裂化和碎片化。孙中山用"一盘散沙"来形容近代中国自鸦片战争以来的四分五裂,是对旧中国社会结构形态的经典概括。

随着权力文化网络的被破坏,国家政权建设逐渐放弃并进一步破坏了文化网络中的一些组成部分。如果国家政权想创造出新型权威,那它必须将其建立在与社会变迁相适应的组织之上。因此,权力的组织网络取代权力的文化网络,成为国家治理和社会整合的主要载体和方式,既是历史发展逻辑的自然演绎,也是中国国家现代转型的基本脉络。民国时期,政府重建保甲组织并使之行政化,以确保国家政权的触角深入基层社会。在革命战争年代,共产党的关键工作便是权力组织网络的建设。在政治动员的过程中,共产党自下而上逐步建立起与国家政权相联结的各级组织,并将这些组织编制在自身周围,成为支撑其权力的组织网络。也正是在共产党与乡村社会建立联系的领域里,出现了各种各样的权力技术和组织发明。共产党通过成立各种各样的组织,将从旧体系中解放出来的个人重新纳入到新的

---

① [美]杜赞奇.文化、权力与国家——1900-1942年的华北农村[M].福明译.南京:江苏人民出版社,1996:13-14.

权力组织体系中，任何人只要认同党的意识形态，忠诚于党和国家，就可以通过权力组织网络进入到国家政权组织中。通过全面开放的权力组织网络，共产党在打击旧的地方精英和传统的权力文化网络的同时，也塑造了新的地方精英（积极分子），并形成新的乡村社会的动员机制和治理机制，这就是互助组、农民协会、妇女协会、儿童团、民兵组织、调解组织等正式的和制度化的组织体系。共产党通过其复杂而有效的权力组织网络，不仅实现了对乡村社会的动员和整合，也在乡村社会稳步确立了其政权的合法性。①

新中国成立后，由于传统的权力文化网络已被基本摧毁，至少已不能充当社会的粘合剂，国家治理又缺乏权力制度网络与市场网络等常规性资源，共产党的新政权唯一可以利用的资源就是自己在长期的革命战争中所使用的动员和组织群众的权力技术和手段，以及相对丰富的组织资源。于是，在建设社会主义的总体目标下，开始了对中国社会的全面的组织改造，社会成员被纳入到各种社会组织中，进而被高度组织化。同时，中国共产党利用其在战争年代确立的强大政治合法性，在基层社会逐步建立了政党组织和政权组织。党组织体系的全面确立和全面渗透，也就意味着中国社会权力组织网络的形成和党主导的组织化调控模式的确立。在权力的组织网络中，除了党和国家的等级系统以外，各种群众组织也在国家治理中起着重要的辅助作用。其中，人民调解组织就是党的权力组织网络中的重要组织部分。1954 年政务院通过的《人民调解委员会暂行组织通则》（以下简称《通则》）开启了人民调解工作制度化、法律化的历史进程，有力地推动了调解工作的发展。人民调解组织的成员除了由政府官员担任以外，吸纳的是当时的积极分子，同时，《通则》强调了基层人民政府和基层人民法院对人民调解委员会的指导和监督作用，以确保人民调解组织成为党的路线、方针、政策的忠实贯彻者和坚定执行者，成为执政党向社会拓展权力的重要载体。

“文革”期间，执政党主导的权力组织网络遭受重创，全国大部分的人民调解委员会也停止了日常工作。因此，“文革”结束后的改革开放进程始终伴随着权力组织网络的恢复、重建和完善。因社会转型引发的社会问题和矛盾纠纷的增多，维护社会秩序的和谐稳定便具有了重要的战略意义。改革开放后，随着利益群体的分化和人们思想观念的变化，意识形态的治理效能衰弱，同时，权力的制度资源贫弱，相对而言，较为经济和快速有效的途径就是通过权力组织网络的建立和完善来整合和控制社会。这样，虽然组织化调控模式的危机业已显现，但并没有导致其被

① 强世功. 法制与治理——国家转型中的法律[M]. 北京：中国政法大学出版社，2003：100 – 110.

彻底抛弃，反而“成为支撑中国社会转型的核心治理机制，继续进一步得以延续与精致化”。①

2. 现实考量：维护社会秩序和推进社会平稳转型的需要

从我国社会发展的历史逻辑和现实经验来看，我国的市场转型并没有像其他一些社会主义国家的转型一样，通过国家和政党权力的大幅度回收后撤来进行，反而在转型过程中不断强化了自身的权力组织网络，使其在国家和社会的维系与稳定中起着重要的作用。同时，旧体制对新社会的适应也是通过执政党对各种资源的有效组合来实现的。孙立平教授认为社会主义中国转型的独特特征主要体现在：政体连续性背景下的渐进式改革；权力连续性背景下的精英形成；主导性意识形态连续性背景下的“非正式运作”。② 换言之，“组织化调控是支撑中国社会平稳转型的核心机制，执政党主导和组织化调控是中国社会平稳转型的基本经验。”③在纠纷解决领域，政府主导型人民调解作为国家综合治理的组成部分，既是由既定的组织化调控治理模式所形塑，也是对现实纠纷解决需求的有效回应。

第一，政府介入民间纠纷有利于整合各种资源，快速有效地平息和解决纠纷。改革开放以来，共产党和国家的组织机构在政治、经济上处于垄断地位，权威的命令权力与资源占有上的优势地位相结合，维持了国家对社会的支配，使得共产党、国家和单位组织对个人的支配依然有效。首先，在纠纷解决中，政府主导有利于调动体制内外的人力资源参与纠纷的调处和化解。譬如，在山林纠纷的调解中，主持调解的党政官员可以要求林业局的相关领导或工作人员参与调解，这样就有利于快速、彻底地解决纠纷。其次，在政府主导的纠纷解决中，我国的“软预算约束”④经济运行机制为纠纷调解中政府的“兜底”行为提供了经济支撑，这样就有利于纠

---

① 唐皇凤. 社会转型与组织化调控[D]. 上海：复旦大学博士学位论文，2006.

② 孙立平. 社会转型：发展社会学的新议题[J]. 开放时代，2008(2).

③ 唐皇凤. 社会转型与组织化调控[D]. 上海：复旦大学博士学位论文，2006.

④ 软预算约束是指当一个经济组织遇到财务上的困境时，借助外部组织的救助得以继续生存的一种经济现象。软预算约束的形成至少有两个主体：即预算约束体和支持体。预算约束体是指那些在以自有资源为限的前提下，如果收不抵支，产生赤字，在没有外部救助的情况下不能继续存在的组织。支持体通常是受政府控制的，可以直接转移资源来救助陷入困境的预算约束体的组织。在我国，国有银行的支持体通常为政府财政和中央银行，国有企业的支持体通常为政府财政和国有商业银行。软预算约束的表现形式是政府预算无法对政府行为形成强有力的约束力，导致政府行为失去控制，即各行政部门不再按政府预算的既定目标来行事；财政支出膨胀，即年度支出计划不再对政府的实际支出具有约束力[EB/OL]. http://baike.baidu.com/link? url = Azhqxkv1 GrJQfWk5RnSgAtfKzGuZerSMGDUfx52JHjegxhUw _ 70 - 0cFq0nMF6T9P1Wj1w68kRMTWkznHWVfGYVpmqUWugzIZ_DZmZkrda - 2XzqkSlixsXze3pzMVsyDL 访问日期：2015 - 01 - 20.

纷的平息与解决。所谓政府兜底,是指政府作为第三方干预力量介入社会主体之间的冲突,并对社会冲突进行管理,在冲突方未能达成妥协,且将不满意归结为政府的调解和将冲突矛头转向政府的情况下,政府为了尽快控制不断闹大的事态,而对冲突一方或各方做出经济利益、政策优惠等形式的补偿,为冲突进行兜底以平息纠纷和维护社会秩序。① 政府对纠纷的"兜底"解决通常是在对法制、暴力、媒体、社会等常规性资源的动员失败后,为了尽快平息纠纷,防止事态的进一步闹大和当事人的上访而采取的权宜之计。直言之,政府兜底就是"花钱买平安","用人民币解决人民内部矛盾"。最后,由于党和政府在资源占有和支配上的优势地位使其在纠纷解决中具有一定的无形资产,一些当事人会看在主持调解的政府工作人员的"面子"上,主动做出妥协和让步,使纠纷得以解决。

第二,政府主导人民调解是克服转型期制度性障碍的必然要求。制度性障碍一方面体现在法律本就具有滞后性,在社会快速转型期,必然会有相当多的纠纷事实无法纳入法律的调整范围,由此形成了制度规范的"真空"地带;另一方面还体现在政策的不统一,导致各方当事人在适用和解释上存在争议。由于制度性障碍的存在,纠纷当事人无法依据政策、法规达成和解,再加上当下民间规范的约束力软化,自治和自律机制难以发挥对国家法律和秩序的补充和辅助作用,冲突双方往往不大可能作出妥协,而是尽量争取自己利益的最大化。在这种情况下,国家作为法律、法规、政策的制定者,当由于法规政策的制定水平或者出台时机有问题而不能有效定纷止争的时候,进行冲突管理,介入纠纷解决,不仅仅是国家责任的表现,也因为其决定权和调动资源的能力而有利于给纠纷画上句号。

第三,正式权力的非正式运作是官僚制遭遇"乡土性"的理性选择。党和政府的组织机构是科层化的官僚体系,其运作逻辑本应是理性化、程序化和规范化的,但基层政权所面对的基层社会仍具有相当程度的"乡土性"。这里的"乡土性"并非一个与城市相对而言的地域性概念,而是一个影响中国人生活方式的文化范畴,即使在现代城市,在陌生人社会,现代中国人依然还主要生活在"乡土中国"。② 现在的"乡土性"与传统社会的"乡土性"相比,均具有实体主义的朴素公正观以及非规范化、非程式化的运作逻辑;不同之处在于,传统的乡土社会是依靠"长老统治"和"礼治"有机联结的社会,而现在的基层社会在战争、政治运动、市场经济的冲击下已经碎片化和原子化,传统的有机整合逻辑已被打散。当然,基层社会也有其自

① 杨华.政府兜底:当前农村社会冲突管理中的现象与逻辑[J].公共管理学报,2014(2).

② 徐昕.论私力救济[M].北京:中国政法大学出版社,2005:183.

身的运作逻辑，但与基层政权所属的官僚体系是两套完全不同的运作逻辑，两者遵循着不同的规则和共识。实践中，官僚体系与基层社会之不同价值观念与运作逻辑相冲突的情形主要有：

A. 国家法律政策遭遇价值标准不一致的民间规范。国家法规体现了国家的主流价值规范，但却可能与一些地区或村落世代相传的风俗习惯不一致。在两者的“遭遇战”中，一方依据国家法规，其主张有理有据，另一方则依据风俗习惯，其诉求也合情合理。冲突双方往往互不相让、毫不妥协，有些纠纷，如坟地纠纷，甚至都可能引起村落、宗族之间的械斗。此种情形下介入冲突管理的政府，如果依据国家法律政策以及理性主义的运作逻辑，只会使矛盾更加尖锐，冲突升级，甚至会“惹火上身”，使冲突主体将矛头转向政府。因此，政府只得通过软硬兼施的手段以及情、理、法的融合来调处和化解纠纷。

B. 当事人不接受国家提供的公共服务及其产品，如判决。当纠纷经过正式程序的处理甚至由法院进行判决后，一方当事人却认为其“不公正”而无法接受，甚至无论判决公正与否，只要判决结果对其不利，就不能接受。“纠纷的解决过程是一个动态变化的过程，卷入其中的人绝不是被动的、等待宣判的，而是积极的、策略的、理性的人。”①此种情形下，一些纠纷当事人会选择以“闹大”的方式来最大化自己的利益，而压力型体制下的基层政府为了尽快平息纠纷，防止当事人上访，则会以政府“兜底”或者压制相对方妥协让步的方式给予“抚恤”或“补偿”。

C. 遭遇当事人对法律的“知情祛魅”逻辑。所谓“知情祛魅”，是指法律参与者在法律知识的获得、对法院和律师惯用策略的理解以及自身运用法律的效能感到提高的同时（即所谓“知情”），对法律的不公正性以及法律制度弊端的失望和沮丧在增加（即所谓“祛魅”）。② 在当事人心目中，祛魅后的法律和司法程序并不是高高在上、充满神圣感的正义的化身，而是“脆弱、多变、难以捉摸的东西，很容易被人操纵利用，常常服务于金钱和权势”。③ 在“知情祛魅”逻辑下，当事人对法律的选择性利用并不是基于对法律的信仰，而是认为自己可以通过私人关系进入司法场域，将法律当成自己与对方谈判博弈的工具和筹码；而不选择法律和司法程序的当事人，则是基于对诉讼成本的清醒意识以及对诉讼结果公正性的怀疑。纠纷发

---

① 郭星华. 社会转型中的纠纷解决[M]. 北京：中国人民大学出版社，2013：15.

② Gallaghar, MaryE . 2006. “Mobilizing the Law in China: ‘Informed Disenchantment’ and the Development of Consciousness”. Law & Society Review, Vol. 40. 783. 转引自郭星华. 社会转型中的纠纷解决[M]. 北京：中国人民大学出版社，2013：44.

③ 冯象. 木腿正义[M]. 广州：中山大学出版社，1999：24.

生后,在双方当事人所拥有的社会资源不均等甚至相差悬殊时,尤其是案件事实的主要证据缺失或者模糊不清以至于成为案件主要争点的情形下,拥有资源较多的一方往往倾向于通过司法程序解决,而另一方则竭力避免诉讼。当弱势方为受害方或者索赔方时,"找政府"就成了当然选择,而此时的"政府"在替代性纠纷解决程序中则不可能再依理性化和程序化的逻辑进行调解。

第四,压力型体制形塑了政府主导型人民调解的策略主义逻辑。"压力型体制"是20世纪90年代荣敬本、杨雪冬等在对郑州新密市的县乡两级政治体制改革进行调查后提出的概念,指的是一级政治组织(县、乡)为了完成上级下达的各项指标,而采取的数量化分解和物质化奖惩相结合的一套管理手段和方式。[①] 压力型体制是在依靠意识形态教育和政治动员机制动力逐渐衰竭的背景下产生的,是动员——命令体制在市场经济发展条件下的变体。压力型体制的基本运行方式就是推行"一把手"负责制和"一票否决"制,用政治的手段来推动经济的增长以及其他工作的完成,其核心机制为"政治化机制",即上级政府,特别是中央政府和各级党委为了完成某些重要任务,就会将他们确定为"政治任务",要求下级政府以及职能部门全力完成,并相应给予经济上和政治上的激励和惩罚。[②] 因此可以说,压力型体制就是一种在现代化压力下,利用行政垂直权力、以责任制为网络以及以政治、经济奖惩为动力杠杆,将压力层层向下渗透、扩散的行政决策和执行模式。[③] 在中国地域面积广、行政系统层级多的客观条件下,压力型体制对改变政令不畅、执行不力、党委集体领导负责制下的实际无人负责的局面有一定的积极作用。但是,在压力型体制下,信息机制的单通道使上下级政治组织之间缺乏有效的信息反馈机制和协商机制,导致信息不对称和信息失真,具体运行中就体现出以下问题:一方面是上级对下级的强制权力,另一方面是上级对下级滥用权力的失控。

当前我国正处于社会发展的重要战略机遇期,同时又处于矛盾凸显期,稳定问题越来越凸显其重要性,因此,维护社会和谐稳定被提升到了政治任务的高度。压力型体制嵌入政府的维稳机制中,并形塑了当前的维稳逻辑。在维稳压力下,各级党委和政府把稳定问题作为自己的中心工作,并实行"信访一票否决制",政府主导型人民调解即是压力型体制下维稳逻辑的体现。每一级政府都不希望在信访维稳问题上出现差池,当纠纷发生后,无论矛盾冲突的大小,政府都希望在第一时间

① 荣敬本.从压力型向民主合作体制的转变:县乡两级政治体制改革[M].北京:中央编译出版社 1998:17-28页。

② 杨雪冬.压力型体制——一个概念的简明史[J].社会科学,2012(11).

③ 唐海华."压力型体制"与中国的政治发展[J].中共宁波市委党校学报,2006(1).

内解决，尽量不要扩大社会影响，更不希望上级知晓或问责。政府主动介入民间纠纷的解决、利用全面覆盖的组织网络排查和预防纠纷都是维稳的必然要求。由于信息的不对称，上级政府无法对纠纷解决的过程和手段进行有效监督和控制，为了尽快平息纠纷，“不问过程，只问结果”，在调解中动用体制内外的各种资源、使用各种“摆平术”，就成了基层政府调解民间纠纷的常用手段。

3.5　本章小结

本章通过对人民调解制度的历史溯源的考察，分析了随着社会的变迁，我国人民调解制度发展过程中的断裂与延续，同时也阐释了调解员主导型调解的产生基础和政府主导型人民调解的运作逻辑，力求语境化地理解我国人民调解制度行政化的缘由及其在一定历史条件下的正当性和合理性。

我国传统调解具有调解形式多样、调解范围广泛、调解带有一定的强制性以及调解方式以教化为主的特点。人民调解制度是一项有中国特色的纠纷解决制度，是新民主主义时期由中国共产党领导人民创建的、依靠人民群众解决民间纷争的一种机制。新民主主义革命时期的人民调解是在党和政府的推动下产生和发展的，随着中华人民共和国的成立，人民调解工作也步入了一个新的发展阶段。

在一项制度的变迁中，有些要素有着明显的更迭和继替，有些要素则以潜移默化的方式延续着。当用“大传统”与“小传统”这对范畴来审视我国调解制度的发展与变迁时，就会发现，官方关于纠纷的意识形态，以及国家通过法律和正式文件所规定的关于调解的规范与立法目的等，可以被视作具有特定价值取向的精英知识传统，即大传统，会随着时代的变迁出现明显的更迭与断裂。而人们进行调解的方式以及调解心理等，则属于小传统范畴，是人们在日常工作生活中形成的民间文化。其发展与变迁虽然不能排除精英文化的影响，但通常表现为一种自然演化的过程，具有较强的延续性。

在关于纠纷解决的意识形态方面，传统中国时期，纠纷的意识形态为“和谐”观，并对纠纷持有一种消极态度，认为是对社会秩序的破坏；在毛泽东时代，以“冲突观”为主导，认为矛盾处处有、时时有，并强调根据矛盾的不同采用不同的解决办法；改革开放以来，关于纠纷的观念又重回传统的“和谐”观，但是在“和谐”观的基础上又有所变迁，即认为纠纷是人们表达诉求和维护权益的一种方式，调解则是维护群众权益和化解纠纷的一种机制。

在调解组织的变迁方面，纵观我国各个时期的民间调解以及半官半民性质的调解,可以发现一个显著的不同点,就是各个时期的调解员与国家、社会的关系并不完全相同。在国家权力不下县的传统中国,纠纷解决大多不在县官活动范围之内,解纷者并不对县官正式负责。在社会主义中国,国家与社会之间的关系更加紧密,国家对社会的控制比过去更加深入和全面。新中国成立初期的调解员是政府机关的干部或其分支机构的积极分子,他们在解决纠纷的时候代表着国家,要宣传和传达党的政策,并受基层政府的领导和监督。改革开放时期,人民调解的政治化色彩有所淡薄,人民调解组织被法律定位为群众性自治组织。然而,实践中人民调解组织的设置却具有较强的行政依附性,调解员的身份与国家的联系较为紧密,其解决纠纷的直接目的并非增强所在社会组织的自治能力,而是需要对国家负责。

在调解功能方面,我国传统社会中的调解功能包括纠纷解决功能、教化功能和维护社会秩序功能;在毛泽东时代,除了解决纠纷和维护社会秩序以外,调解制度的功能被高度政治化,调解制度已成为一种思想改造和社会控制的工具;改革开放以后,调解的首要功能又回归到以非政治化的途径解决民间纠纷,此外,我国现阶段的调解也是国家改进社会治理方式、实现综合治理和源头治理的一种手段,还具有社会治理的功能。

在调解方式方面,以调解员在调解中的地位和作用为分析视角,我国各个时期通行的调解方式均为调解员主导型调解,即在调解程序的启动和推进、纠纷事实的调查、协议方案的提出等各个环节中,调解员起主导作用的调解方法。

调解员主导型调解的主要特征包括以下内容:从介入的方式而言,调解员有权主动介入纠纷解决,积极启动和推进调解程序;从介入范围而言,在调解过程中,调解员通常积极调查案件事实,主动给出调解方案;从调解主体之间关系的基本结构而言,调解员与当事人之间的关系为主体—客体关系,且主要表现为自上而下的说教与说服。

调解员主导型调解产生的文化心理基础为"和合"文化、"和为贵"思想与"无讼"观;社会经济基础为"人治"社会与农业经济;权威来源为长老权威、道德权威和国家权威。

我国现阶段政府主导型人民调解的生成机理和运作逻辑是策略主义的。所谓策略主义逻辑就是指权力的运作缺乏对长远目标的谋划,缺乏稳定、抽象和普遍主义的规则,为了某个暂时性或阶段性的目标,权宜性、功利性地运用各类方法、技术、规则和手段,而不论其性质和实施成本如何。策略主义是与"理性主义"和"简约主义"相对而言的。"理性主义"模式是以韦伯关于现代官僚制的理性主义原则为参照，以现代性的公共规则和公共制度来关照我国基层政权运作的逻辑与特性；而“简约主义”模式是黄宗智对我国以准官员和纠纷解决为主的半正式基层行政模式的概括，其特征为低成本、低负担，但却高效率。政府主导型人民调解的策略主义逻辑，就是指这种纠纷解决机制并不是一种长效的、制度化的常规性治理机制，而是应对当前纠纷多发、矛盾尖锐之社会现实的产物，具有动员式和权宜性的特点；在纠纷解决过程中，通过正式权力的非正式运作，权益性、功利性地运用各种手段、策略和方法，不计成本地动用体制内外的各种资源，以寻求矛盾纠纷的调处和化解。政府主导型人民调解不同于诉讼的规范化、程式化和理性化，也不同于自治型调解对当事人主体性和自愿性的保障。由于“不稳定幻象”的存在，导致过度追求社会秩序的和谐稳定，为了平息本案纠纷，“不问过程，只问结果”，各种让人匪夷所思的“摆平术”大行其道，行政权力的运作缺乏稳定、抽象和普遍适用的规则，具有随意性和权宜性。因此，政府主导型人民调解的运作逻辑是策略主义的。

立法规定具有群众性和自治性的人民调解，其运作却是行政化的。名实不符、实践背离立法的现状由多种因素决定，其中既包括传统文化的延续与行动者之习惯，如“父母官”的“为民做主”“厌讼”“讨说法”等意识与行动，也包括制度发展变迁过程中的惯性作用，即路径依赖，还包括基于现实的理性选择。

传统中国作为文化同质性程度很高的政治共同体的长期延续，是因为其政治制度体系有其赖以生存与扩张的文化网络，而后者决定了前者的权威性与合法性。随着权力文化网络的被破坏，国家政权建设逐渐放弃并进一步破坏了文化网络中的一些组成部分。因此，权力的组织网络取代权力的文化网络，成为国家治理和社会整合的主要载体和方式，既是历史发展逻辑的自然演绎，也是中国国家现代转型的基本脉络。改革开放后，随着利益群体的分化和人们思想观念的变化，意识形态的治理效能衰弱，同时，权力的制度资源贫弱，相对而言，较为经济和快速有效的途径就是通过权力组织网络的建立和完善来整合和控制社会。这样，虽然组织化调控模式的危机业已显现，但并没有导致其被彻底抛弃，反而继续进一步得以延续与精致化。

从现实条件来看，政府主导型人民调解是维护社会秩序和推进社会平稳转型的需要。这主要体现在四个方面：其一，政府介入民间纠纷有利于整合各种资源，快速有效地平息和解决纠纷。其二，政府主导人民调解是克服转型期制度性障碍的必然要求。制度性障碍一方面体现为法律的滞后性，另一方面体现为政策的不统一。其三，正式权力的非正式运作是官僚制遭遇“乡土性”的理性选择。这又主要包括三种情形,即国家法律政策遭遇价值标准不一致的民间规范、当事人不接受国家提供的公共服务及其产品、遭遇当事人对法律的"知情祛魅"逻辑。其四,压力型体制形塑了政府主导型人民调解的策略主义逻辑。

第4章 人民调解制度“行政化”运行模式之困境

上文分析了政府主导型人民调解的产生源于历史遗产和现实制约条件，即社会转型期维护社会秩序和推进社会平稳转型的需要。吊诡的是，也正是由于中国社会的转型，导致了人民调解制度行政化面临着一系列困境。政府主导型人民调解面临的最直接、最表面的困境即为人民调解制度的“内卷化”。同时，人民调解作为一种社会治理手段，在社会转型期也给社会治理带来了一系列深层次的问题。本章的逻辑结构为：首先，分析政府主导型人民调解的制度性困境即人民调解制度的“内卷化”问题；其次，拟对困境产生的原因即社会转型进行分析，并试图阐释社会转型对人民调解的影响，即当前民间纠纷的特点以及传统权威的衰落；最后，在社会治理视阈中对政府主导型人民调解作进一步反思。

4.1 “行政化”运行模式面临的困境：人民调解制度的内卷化

“内卷化”一词由美国人类学家克利弗德·吉尔兹在研究爪哇农业时首先提出，此后为黄宗智、杜赞奇等研究中国问题的学者广泛应用，因而具备了较强的理论解释力。根据吉尔兹的定义，“内卷化”是指一种社会或文化模式在某一发展阶段达到一种确定的形式后，便停滞不前或无法转化为另一种高级模式的现象。在殖民地和后殖民地时代的爪哇，农业生产由于缺少有效技术方法和工业因子的引入，致使长期以来原地不动、未曾发展。吉尔兹的“农业内卷化”的主要特征是劳动密集化、系统内部精细化和复杂化，是一种“由于内部细节过分的精细而使得形态本身获得了刚性”的形态。① 黄宗智在《长江三角洲小农家庭与乡村发展》中，把

---

① Geertz, Clifford, Agriculture Involution. the Process of Ecological Change in Indonesia, Berkeley, Calif. : University of California Press, 1963, pp. 82.

"内卷化"这一概念用于中国经济发展与社会变迁的研究,他把通过在有限的土地上投入大量的劳动力来获得总产量增长的方式,即边际效益递减的方式,称为没有发展的增长,即"内卷化"。[①] 杜赞奇在《文化、权力与国家——1900 - 1949 年的华北农村》中,提出了"国家政权内卷化"的概念:"国家政权内卷化是指国家机构不是靠提高旧有或新增(此处指人际或其他行政资源)机构的效益,而是靠复制或扩大旧有的国家与社会关系——如中国旧有的赢利型经纪体制——来扩大其行政职能。"[②]"内卷化"除了指经济内卷化、政权内卷化以外,还用来指文化内卷化,即"旧的习俗、习惯参与的社会复制与精致地定格各种秩序"。[③] 在社会学中,"内卷化"通常被来指称因外部条件或内部机制的严格约束,社会经济或文化制度在发展过程出现一种惰性,导致一种没有发展的增长。它既可以指一种现象,也可以指一种机理。这种机理一旦定型,进入"锁定"状态,就会成为恶性的路径依赖,内部的结构更新和制度创新很难发生。[④] 本书认为我国人民调解制度的困境就在于人民调解制度的"内卷化",即由于内部和外部条件的结构性制约因素,人民调解制度无法超越自身的限制,现有模式只能通过加大资源投入而勉强维持,因为没有制度内部的结构优化或制度创新,这样的增长只是一种没有实际发展的"资源填充型"增长,即内卷性增长。具体而言,人民调解制度的"内卷化"一方面体现为人民调解功能的式微,另一方面又体现为人民调解工作经费保障的不足以及调解队伍的稳定性和调解人员的素质无法适应现实需求,若只是在制度内加大资源投入,也只是简单的重复再生产,也逃脱不了边际效益递减规律的窠臼。

4.1.1 人民调解功能的式微

关于人民调解的功能,本书将从调解人员调解民间纠纷总数、调解人员人均调解纠纷数、人民调解收案数在纠纷总数中所占比例等几个方面予以考察。表 4 - 1 收集了 1981 - 2013 年度的调解人员总数、调解民间纠纷数、民事诉讼一审收案数,并据此计算出了调解员年度人均办案量、纠纷总数以及人民调解收案数在纠纷总

① 黄宗智. 长江三角洲小农家庭与乡村发展[M]. 北京:中华书局,2000:11 - 16.

② [美]杜赞奇著,王福明译. 文化、权力与国家——1900 - 1949 年的华北农村[M]. 南京:江苏人民出版社,1996:67.

③ 范志海. 论中国制度创新中的"内卷化"问题[J]社会,2004(4).

④ 人大经济论坛 制度经济学 版[EB/OL]. 详细出处参考:http://bbs.pinggu.org/forum.php? mod = viewthread&tid = 1064032&page = 1. 访问日期:2015 - 01 - 28。

数中所占的比例。需要说明的是,社会纠纷总量的精确统计几乎是不可能的,但考虑到在统计数量上,各种单纯的偶然性因素可以相互抵消,登记在案的纠纷数与社会纠纷总量之间应该大致呈正相关关系,因此本书将"纠纷总数"的统计操作化为人民调解收案数与民事诉讼一审收案数之和。

表4-1 1981-2013年人民调解调解民间纠纷基本情况表①

年份	调解员(人)	调解民间纠纷数(件)	调解员年度人均办案量(件)	民事诉讼一审收案数(件)	纠纷总数(件)	调解收案数在纠纷总数中所占比例(%)
1981	4,767,700	7,805,400	1.64	673,926	8,479,326	92.1
1982	5,339,498	8,165,762	1.53	778,941	8,944,703	91.3
1983	5,557,721	6,477,494	1.17	799,989	7,277,483	89.0
1984	4,576,335	6,748,583	1.47	923,120	7,671,703	88.0
1985	4,738,738	6,332,912	1.34	1,072,170	7,405,082	85.5
1986	6,087,349	7,307,049	1.20	1,310,930	8,617,979	84.8
1987	6,205,813	6,966,053	1.12	1,579,675	8,545,728	81.5
1988	6,370,396	7,255,199	1.14	1,968,745	9,223,944	78.7
1989	5,937,110	7,341,030	1.24	2,511,017	9,852,047	74.5
1990	6,256,191	7,409,222	1.18	2,444,112	9,853,334	75.2
1991	9,914,135	7,125,524	0.72	2,448,178	9,573,702	74.4
1992	10,179,201	6,173,209	0.61	2,601,041	8,774,250	70.4
1993	9,766,519	6,222,958	0.64	2,983,667	9,206,625	67.6
1994	9,997,616	6,123,729	0.61	3,437,465	9,561,194	64.0
1995	10,258,684	6,068,481	0.59	3,997,339	10,025,820	60.5
1996	10,354,000	5,802,230	0.56	4,613,788	10,416,018	55.7
1997	10,273,940	5,543,166	0.54	4,760,928	10,304,094	53.8
1998	9,175,000	5,267,194	0.57	4,830,284	10,097,478	52.2
1999	8,803,000	5,188,646	0.59	5,054,857	10,243,503	50.7
2000	8,445,000	5,030,619	0.60	4,710,102	9,740,721	51.6
2001	7,793,000	4,861,695	0.62	4,615,017	9,476,712	51.3

① 资料来源:(1)朱景文主编. 中国人民大学中国法律发展报告. 2011[R]. 北京:中国人民大学出版社,2011:303-304;(2)《中国法律年鉴》2000-2013年各卷;(3)司法部基层工作指导司编. 2013年度司法所、人民调解、安置帮教工作发展报告[R]. 北京:法律出版社2014.

续表

年份	调解员(人)	调解民间纠纷数(件)	调解员年度人均办案量(件)	民事诉讼一审收案数(件)	纠纷总数(件)	调解收案数在纠纷总数中所占比例(%)
2002	7,161,000	4,636,139	0.65	4,420,123	9,056,262	51.2
2003	6,692,000	4,492,157	0.67	4,410,236	8,902,393	50.5
2004	5,144,200	4,414,233	0.86	4,332,727	8,746,960	50.5
2005	5,096,472	4,486,825	0.88	4,380,095	8,866,920	50.6
2006	4,981,902	4,628,018	0.93	4,385,732	9,013,750	51.3
2007	4,868,738	4,800,238	0.99	4,724,440	9,524,678	50.4
2008	4,792,920	4,981,370	1.04	5,412,591	10,393,961	47.9
2009	4,938,868	7,676,064	1.55	5,800,144	13,476,208	57.0
2010	4,668,961	8,418,393	1.80	6,090,622	14,509,015	58.0
2011	4,335,502	8,935,341	2.06	6,614,049	15,549,390	57.5
2012	4,281,366	9,265,855	2.16	7,316,463	16,582,318	55.9
2013	4,229,061	9,439,429	2.23	7,781,972	17,221,401	54.8

关于调解民间纠纷的数量问题,在《中国法律年鉴》等政府出版物中公布的"调解民间纠纷"数量,是指当事人提请调解纠纷的数量,类似于民事诉讼中的收案量。图4-1是根据表4-1收集的数据绘出的柱状图。考察图4-1,可以将1981-2013年间人民调解委员会调解纠纷的数量变化划分为四个阶段:第一个阶段在1981-1990年间,人民调解委员会调解民间纠纷的数量存在一定的起伏,没有集中的变化趋势。第二阶段在1991-2004年间,调解民间纠纷数量呈逐年下降趋势。第三阶段在2004-2008年间,随着《人民调解工作若干规定》(司法部,2002)、《关于进一步加强人民调解工作切实维护社会稳定的意见》(最高人民法院、司法部,2004)、《关于进一步加强人民调解工作经费保障的意见》(司法部、财政部,2007)等一系列部门法规的颁布实施,人民调解委员会调解民间纠纷数量实现了稳步提高。第四阶段在2009-2013年间,随着"大调解"工作体系在全国范围内的推行以及《人民调解法》的颁布实施,这5年间人民调解委员会调解民间纠纷的数量大幅提升且逐年增长。但是,如果考虑到改革开放以来我国人口总量、经济规模的增长以及社会利益多元化、人口流动加剧等因素,调解民间纠纷数量的增长并不能说明调解功能的强化。此外,近几年人民调解的不断制度化和规范化,尤

其是纠纷统计制度和文档档案管理制度的加强，也是登记在案的纠纷数明显增加的一个不可忽视的因素。因此，从某种程度上而言，近几年人民调解纠纷数的增加是政策推动和资源投入的结果，即使说是增长的话，也是一种边际效益递减的内卷性增长。

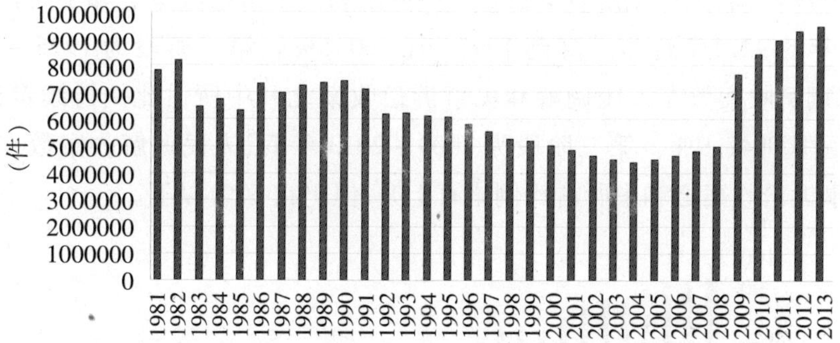

图 4-1　1981-2013 年人民调解委员会调解民间纠纷数量变化

根据表 4 - 1 绘出 1981 - 2013 年人民调解员年度人均调解民间纠纷数量变化柱状图 4 - 2。综合考察表 4 - 1 和图 4 - 2，可以将 1981 - 2013 年人民调解员年度人均调解民间纠纷的数量变化划分为三个阶段：第一个阶段为 1981—1990 年间，调解员人均办案量存在一定起伏，但都能稳定在 1.0 件以上。第二阶段为 1991 - 2008 年间，除了 2008 年的 1.04 件以外，其他年份的人均办案量都在 1.0 件以下。以 1997 年的 0.54 件为最低点，这 18 年间调解员的人均办案量的变化趋势基本呈"U"字形状。第三阶段为 2009 - 2013 年间，人均办案量稳步提升，2009 年突破 1.5 件，2011 年突破 2.0 件。近几年人均办案量提升的原因与调解民间纠纷数增长的原因大致一致，在此不做赘述。

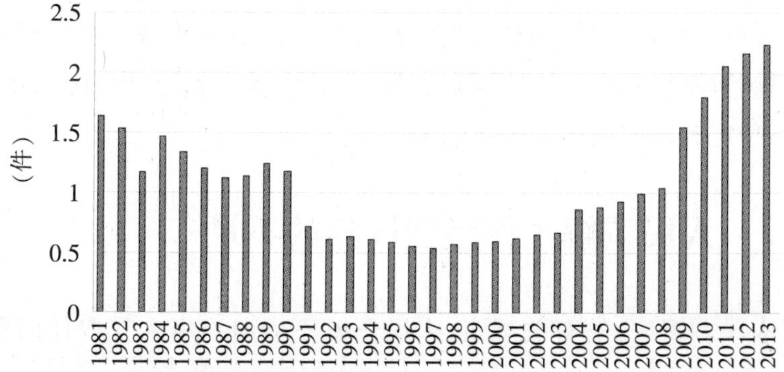

图 4-2　1981-2013 年人民调解员年度人均调解民间纠纷数量变化

在对人民调解功能的分析中,考察人民调解收案数在人民调解和民事诉讼收案之和中所占的比例,相对而言可能更具说服力,因为这一项更能说明调解的作用以及人们对人民调解的需求情况。从表4－1和图4－3可知,人民调解收案数在人民调解和民事诉讼收案之和中所占比例的变化数可分为三个阶段:第一阶段为1981—1995年间,人民调解收案数在人民调解和民事诉讼收案之和中所占的比例从1981年的92.1%逐步下降到1995年的60.5%。第二阶段为1996－2008年间,人民调解收案数在人民调解和民事诉讼收案之和中所占比例持续走低,2008年甚至下降到47.9%。第三阶段为2009－2013年间,人民调解收案数在人民调解和民事诉讼收案之和中所占比例略有上升,但仍在60%以下。

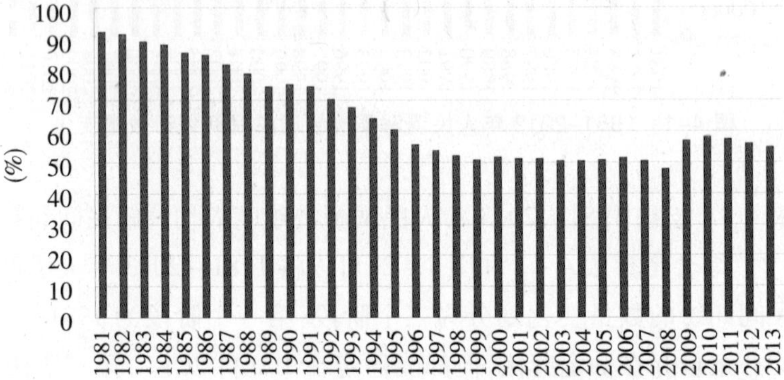

图4-3　1981-2013年人民调解收案数在人民调解和民事诉讼收案之和中所占的比例

根据前面的描述和分析可知,改革开放以来,人民调解委员会调解民间纠纷的数量和人民调解在纠纷解决中的作用均有所下降,尤其是与诉讼这一纠纷解决方式相比,下降趋势十分显著。综合这些趋势,可以认为自改革开放以来,人民调解的解纷功能逐步弱化。人民调解功能弱化的原因除社会转型背景下社会结构的变化、利益多元化、纠纷新型化和复杂化以及诉讼渠道更加畅通等外在原因以外,也还因为人民调解制度内在结构性因素的限制,其中就包括经费保障的不足以及调解队伍的不稳定和调解人员的素质问题。

4.1.2　人民调解工作经费保障的不足

根据《人民调解法》的有关规定,人民调解不应向当事人收取任何费用,人民调解是免费的①;县级以上地方人民政府、村民委员会、居民委员会和企业事业单位是人民调解工作经费保障的责任主体。

调解不收费是人民调解的显著特征,这一特征不但体现了我国民间调解的优良传统,也是由人民调解的群众性、自治性决定的。但是,人民调解不收费并不意味着开展人民调解工作不需要成本。近年来,人民调解维护社会稳定的任务日益繁重,人民调解委员会开展各项工作、组织各项活动、落实各项任务,都离不开必要的物质保障和经费保障。为此,《人民调解法》第6条和第12条初步确立了国家财政和设立单位共同承担、互为补充,以国家财政为主、设立单位为辅的经费保障格局。2007年,财政部、司法部联合下发的《关于进一步加强人民调解工作经费保障的意见》(以下简称《意见》)明确规定了人民调解工作经费的开支范围,即人民调解工作经费包括:司法行政机关指导人民调解工作的经费、人民调解委员会的补助经费、人民调解员的补贴经费。该《意见》同时规定了工作经费保障的具体办法,即:各级司法行政机关指导人民调解工作的经费应当列入同级财政预算;地方财政可根据当地经济社会发展水平和财力状况,适当安排人民调解委员会补助经费和人民调解员补贴经费;乡镇(街道)、村(居)委会、企事业单位等设立人民调解委员会的机构应继续在各方面对其提供支持;人民调解委员会补助经费、人民调解员补贴经费的发放应考虑每个人民调解委员会及调解员调解纠纷的数量、质量和纠纷难易程度、社会影响力大小及调解的规范化程度。表4-2为2011-2013年度我国人民调解工作经费保障情况统计表。

表4-2 2011-2013年度我国人民调解工作经费保障情况统计表②

年份	2011	2012	2013
调解人员总数(人)	4,335,502	4,281,366	4,229,061

① 《人民调解法》第4条规定:“人民调解委员会调解民间纠纷,不收取任何费用。”第6条规定:“国家鼓励和支持人民调解工作。县级以上地方人民政府对人民调解工作所需经费应当给予必要的支持和保障,对有突出贡献的人民调解委员会和人民调解员按照国家规定给予表彰奖励。”第12条规定:“村民委员会、居民委员会和企业事业单位应当为人民调解委员会开展工作提供办公条件和必要的工作经费。”

② 资料来源:司法部基层工作指导司编.2013年度司法所、人民调解、安置帮教工作发展报告[R].北京:法律出版社,2014.

续表

年份	2011	2012	2013
调解民间纠纷数(件)	8,935,341	9,265,855	9,439,429
司法行政机关指导人民调解工作经费(万元)	46,803.85	37,733.33	23,300.835
人民调解委员会工作补贴经费(万元)	36,705.59	26,490.38	31,774.59
人民调解员补贴经费(万元)	84,174.12	49,850.42	37,770.312
调解员人平补贴经费(元)	194.15	116.44	75.12

实践中,因为地方经济发展水平、财力状况以及领导对人民调解工作重视程度的不同,各地对人民调解委员会以及人民调解员的经费补贴的方式、数额都有所差异。但总的来说,如表4－2所示,2011－2013年,我国人民调解员人平补贴经费分别为194.15元、116.44元、75.12元,这种象征性的经费补贴已经严重影响到了调解工作的正常开展以及广大调解工作者的积极性。之所以出现人民调解经费不足的问题,主要有以下原因:

第一,调解员的积极性需要资金补助的激励。人民调解组织本是群众性自治组织,在改革开放前以及改革开放初期,虽然也没有特别的资金补助,但并不影响调解员的积极性。这一方面是因为人们对集体的公益事业更为关注和热爱,另一方面是因为在当时的生产形式和经济发展水平的条件下,人们投身于公益事业并不会付出很多的机会成本。但改革开放以后,随着市场经济的发展,这种情形发生了明显的变化。首先是个人和集体利益的界限越来越分明,个人利益越来越得到尊重和保护,市场经济中的个体也日渐成为经济理性人;其次,随着产业结构、就业形势的变化,人们从事公益活动的机会成本也越来越高,因此,调解员从事调解工作的积极性需要资金补助的激励。

第二,人际关系的变化和纠纷内容的复杂化,也导致了调解员积极性的下降以及对调解工作经费的更大需求。首先,改革开放以来,随着市场经济的发展和地方共识的瓦解,纠纷当事人和调解员之间已没有从前那样丰富的人格与感情联系,他们之间的关系越来越疏远和陌生,调解员调解"他人"之间纠纷的热情和愿望自然会减弱。其次,随着价值观念的多元化,许多纠纷已经不能像从前那样仅凭生活常识和地方共识就可以调解成功,这就加大了调解的难度,也对调解员的素质提出了更高的要求。这些变化均要求通过资金补助的方式对调解员的积极性予以激励。最后,人际关系的变化和纠纷内容的复杂化,需要人民调解加强自身的制度化和规范化建设,而这样就在经费上产生了更大的需求。比如需要有办公场所、案卷记录等。

第三，当人民调解产生资金需求以后，由于人民调解不收费，而大部分农村经济发展落后，许多地方财政困难，没有充足的资金来激励调解员的积极性，并保障人民调解工作的开展。

4.1.3　人民调解队伍的整体素质无法适应纠纷解决需求

人民调解员的角色任务就是成功地化解民间纠纷，这就要求人民调解员需具备一定的素质以适应这一角色目标。具体哪些素质要求有利于完成这一角色任务，则受到调解目标、人际关系、调解的正规化程度等因素的影响。如果调解的任务主要是化解矛盾，则对调解员法律政策水平和素养的要求不高；反之，如果调解不仅要化解当事人之间的矛盾纠纷，还要教育当事人遵纪守法，则要求调解员具有一定的法律政策水平。如果当事人之间以及当事人和调解员之间的关系密切，则需要调解员具有一定的人格威望和身份地位；如果彼此关系疏远陌生，则要求调解员具有法理上的公正权威。乡镇、街道人民调解委员会主持的调解通常制度化、正规化程度较高，就要求调解员具有较高的文化水平和法律政策水平，反之，如果调解的制度化和正规化程度偏低，则要求调解员对当地习俗、当事人的性格特征以及彼此之间的复杂关系比较熟悉，而对文化、法律、政策水平要求不高。①

在正式的制度层面，我国的人民调解强调政策和法律上的正确性，因此对调解员的政策、法律水平有一定的要求。《人民调解委员会组织条例》第 4 条规定：“为人公正、联系群众，热心人民调解工作，并有一定法律知识和政策水平的成年公民，可以当选为人民调解委员会委员。”这一规定要求人民调解员具有一定的法律和政策素养，对文化水平并未强调。司法部 2002 年颁布的《人民调解工作若干规定》第 14 条规定：“担任人民调解员的条件是：为人公正，联系群众，热心人民调解工作，具有一定法律、政策水平和文化水平。乡镇、街道人民调解委员会委员应当具备高中以上文化程度。”从这一规定可以看出，人民调解员被要求具有一定的文化水平，并特别强调要求乡镇、街道人民调解委员会委员具备高中以上学历。由此可见，人民调解在朝着制度化、正规化的方向发展。2011 年实施的《人民调解法》的第 13 条和第 14 条分别对人民调解员的任职资格和条件予以规定：“人民调解员

① 朱景文主编. 中国人民大学中国法律发展报告 2012——中国法律工作者的职业化[M]. 北京：中国人民大学出版社，2013：459.

由人民调解委员会委员和人民调解委员会聘任的人员担任”;“人民调解员应当由公道正派、热心人民调解工作,并具有一定文化水平、政策水平和法律知识的成年公民担任。”此规定并没有对“高中以上学历”做出特别要求,以体现人民调解为社区调解的基本定位以及民间性和非职业化的特征。

2013 年,我国高中以上文化程度的调解员为 2,568,202 人,占总数的 60.7%;接受培训的人民调解员为 5,833,278 人次,培训率为 137.9%。[①] 根据统计结果,我国调解队伍的人员结构看似合理。但实践中,由于调解经费保障的不足,导致调解人员调整频繁,调解队伍青黄不接,调解队伍整体素质无法适应现代社会的纠纷解决需求。具体而言,由于调解队伍不稳定,调解人员调整频繁,导致了调解人员的调解经验不足,制约了新形势下矛盾纠纷的有效调解。当前的矛盾纠纷呈现出主体多元化、争议利益化、诉求复杂化和非利益相关方参与增多的新变化,要求人民调解员既要懂调解业务,又要懂矛盾纠纷所涉领域的业务;既要懂风土人情,更要懂政策法律。可以说,目前人民调解员的能力水平,越来越成为影响人民调解工作质量和成效的重要因素。

4.2 产生困境的原因:社会转型

4.2.1 当代中国的社会转型概述

“社会转型”,从其字面意义而言,就是指人类社会由一种存在模式向另一种存在模式的转变,它意味着社会系统内在结构的变迁,意味着人们的生产方式、生活方式、心理结构、价值观念等各方面全面而深刻的革命性变革。社会转型是近代以来世界上发生的一系列创造性变革的总称,最早滥觞于 16 世纪的欧洲,澎湃于 18 世纪以后,目前正在广大发展中国家风起云涌、波澜壮阔地推进着。这种整体的社会模式变革或转型主要体现在三个方面:“即经济领域由非市场经济模式向市场经济模式的转型;政治领域由集权政治制度向现代民主政治制度的转型;文化领域由过去封闭、单一、僵化的传统文化向当今开放的、多元的、批判性的现代文化

① 司法部基层工作指导司编. 2013 年度司法所、人民调解、安置帮教工作发展报告[R]. 北京:法律出版社,2014:11.

的转型。他们从各个方面根本地改变了传统社会的结构和面貌。”①

在各国由传统社会向现代社会的转型过程中,中国、苏联和东欧国家的社会转型过程,无疑是一个更为复杂的社会过程。因为这些国家与西方发达国家和其他非社会主义发展中国家相比,无论在起始点还是现实的结构性制约条件以及由此形成的发展逻辑上,都有着明显的独特性。换言之,“社会主义对现代性的反应是独特的、扭曲的甚至是极端的。”②仅就发展研究而言,社会主义国家至少有下列因素与西方发达国家和发展中国家不同,即再分配的经济体制与对资源的高度垄断;资源高度垄断下的国家与社会关系以及社会运作的动员方式。在社会主义国家的转型过程中,由于路径依赖,转型国家呈现出自己独特的发展道路和发展逻辑。

在西方发达国家,近代社会的变迁是在长久、充分发育的市民社会的基础上进行的。在社会主义阵营国家,国家与社会的关系却完全是另一种不同的呈现,在转型前,国家不但垄断了几乎所有的重要资源,甚至也垄断了社会活动的空间;在转型过程中,市民社会缺席,国家无所不在,无所不能。在社会发展的动力机制方面,早期的现代化理论运用西方社会中的现代化逻辑,认为在社会主义国家里,随着政权的稳定和国家重心转移至经济的发展,必将引进现代技术,同时也必然要求一套与之相适应的现代价值观和现代制度,革命热情和大众动员终将让位于常规化和科层化。而从经验层面看,在社会主义转型国家里,尽管市场经济已经建立起来,但许多市场要素特别是资本和劳动的配置仍然掌握在官僚的手中。于是在转型过程中,一种二元结构开始形成,一方面是没有大量补贴就无法生存的国有企业,另一方面则是能够对市场做出灵活反应的新的经济体制。与传统和现代的二元构成不同,这种二元结构是由共产主义的现代性与资本主义的现代性构成的。这不仅造成了衰退、通胀和失业,而且,随着经济结构的改变,也改变了政治对立的阵营,形成了国家与社会的两极化,也分裂了职业群体。而这些对市民社会的形成都是不利的。

社会转型过程是一个全面、复杂的社会变迁过程。改革以来,中国社会的变迁中意义最重大、最引人关注之处,就是将计划经济体制改变为市场经济体制及其引起的社会结构的剧烈、持续、深刻的分化。社会结构分化是指在社会发展过程中,各结构要素产生新的差异的过程。它有两种基本形式:一种是社会异质性的增加,即结构要素(如位置、群体、组织、阶层)的类别增多;另一种是社会不平等程度的

① 李钢.社会转型刍议[J].北京邮电大学学报(社会科学版),2001(1).

② 孙立平.社会转型:发展社会学的新议题[J].开放时代,2008(02).

变化,即结构要素之间差距的拉大。①

1949年至改革开放前的中国社会结构,被学者用“单位制”②“全能主义结构”③或者“总体性社会”④来概括。总的来说,改革前的中国社会具有较高的同质性,是一个分化程度较低、分化速度缓慢的社会。其主要表现为:第一,国家与社会重合为一,资源与权力高度集中,国家具有很强的组织与动员能力,但社会结构较为僵硬、凝滞。第二,在社会组织与国家的关系上,所有社会组织对政府具有高度的依赖性,都缺乏独立利益和自主权。所有社会组织都是按相同的模式建构和按统一的方式运行,社会组织类型和组织方式简单划一。所有的社会组织,无论是行政的、事业的还是经济的、政治的,都由政府控制和管理,各自都有一定的行政隶属关系和行政级别,并依此从政府那里获得按计划分配的资源。第三,改革前的社会是一种身份社会,其主要特征就是身份等级间界限分明、进出规则明晰,一个人一旦具有某种身份,就很难改变。不同身份之间具有较强的异质性和地位差异,但具有相同身份的各社会成员间却具有很高的同质性和平等性,身份的差异与收入、权力、声望上的差异同构。因此,社会成员间有限的分化都具有很强的“先赋性”,对个人在社会中所处位置具有决定性意义的,不是地域、职业、所属组织或群体,而主要是身份。⑤

1978年以后,中国又进行着一次更为深刻的制度变迁,这就是将计划经济体制改变为市场经济体制。它包含着一系列的制度变革:一是政治路线的变化,从以阶级斗争为纲变为以经济建设为中心;二是所有制结构的变化,由全民所有制占绝对优势变为以公有制为主体的多种经济成分并存;三是产业结构的变化,由优先发展重工业到三次产业协调发展;四是分配原则的变化,从平均主义“大锅饭”公平优先变为效率优先兼顾公平。这一系列全面而深刻的制度变迁,使中国的社会结构发生了重大的变化,即由总体性社会转向分化性社会。经济体制的改革、人民公社的解体和户籍制度的松动使社会产生了不受国家统一控制和分配从而可以自由流动的劳动力、资金、产品、技术等资源,城市化、产业结构的升级、市场在资源配置中的基础性作用促进了多种利益主体和权力主体的发育,也逐渐导致了政治与经济、国家与社会之间的初步分离。

---

① 孙立平.转型与断裂——改革以来中国社会结构的变迁[M].北京:清华大学出版社,2004:4.

② 李路路.“单位制”的变迁与研究[J].吉林大学社会科学学报,2013(1).

③ 萧功秦.与政治浪漫主义告别[M].武汉:湖北教育出版社,2001:68-69.

④ 孙立平.现代化与社会转型[M].北京:北京大学出版社,2005:157-175.

⑤ 孙立平.转型与断裂——改革以来中国社会结构的变迁[M].北京:清华大学出版社,2004:5-8.

对于纠纷的产生与解决而言,在现阶段我国社会结构的分化与重组过程中,值得关注之处包括:一是乡村社会的变迁,二是社会各阶层之间利益分化与不平等的扩大和加剧。

“熟人社会”这一最先由费孝通先生使用的词语,目前已成为人们对我国传统乡村社会性质的经典描述。费孝通先生认为:“乡土社会在地方性的限制下成了生于斯、死于斯的社会。常态的生活是终老是乡。……每个孩子都是在人家眼中长大的,在孩子眼里周围的人也是从小就看惯的。这是一个‘熟悉’的社会,没有陌生人的社会。”同时,传统乡村社会也是一个礼俗社会。规矩不是法律,规矩是“习”出来的礼俗,从俗即是从心。因此,在熟人社会中,人们会得到从心所欲而不逾矩的自由,乡土社会的信用并不是对契约的重视,而是对一种行为的规矩熟悉到不假思索的可靠性。① 改革开放以后,随着经济体制的改革、产业结构的升级和城市化的推进,农民的就业出现了多元化趋势,大多数农民的收入来源以非农收入为主,农村也出现了较为明显的阶层分化。随着村庄社会结构日趋多元化和异质性,村民的就业、收入、交往、兴趣、品味、需求等都出现了差异,“相对封闭的村庄开始解体,传统文化和地方信仰被挤压,传统的地方性共识越来越边缘化”。② 地方性共识是农民行为的规范系统和意义系统,由其形塑的人与人之间的交往逻辑则是具有人情取向的“人情”“面子”等原则。随着地方性共识的瓦解,人与人之间的交往日渐理性化,交往逻辑也日趋异化,这些都对乡村社会秩序的维系以及纠纷的解决提出了新的挑战。

在大多数市场经济国家,社会成员按劳动分工的需求分化与重组,社会结构的分化主要体现为一种功能分化。改革开放后我国的社会结构分化一方面体现了功能分化的过程,如党政、政企分开,国家与社会职能的分化等。但另一方面,由于我国现阶段的社会分化主要是体制改革的结果,而体制改革的核心内容之一就是利益的重新分配与调整,其中政策因素起着重要的作用,因此结构分化在很大程度上体现为一种利益分化。功能分化的作用是增加社会结构的多元性和异质性,而利益分化则主要是扩大社会阶层之间的不平等。依据个人所拥有的财富、权力和声望,如果将我国社会阶层分为上等、中上、中等、中下、下等五个阶层的话,属于上等阶层的包括:政府中、高级官员,国家银行、国有大型事业单位正副领导成员,国有及国有控股大型垄断企业的正副领导成员,大中型私营企业主,总人数在1200万

---

① 费孝通.乡土中国[M].北京:人民出版社,2008:6-8.

② 陈柏峰.从乡村社会变迁反观熟人社会的性质[J].江海学刊,2014(4).

左右,约占全国经济活动人口总数的1.5%[①];处于中下阶层的为农民阶层和工人阶层,占全国经济活动人口总数的68%;处于下等阶层的为城乡贫困人口,如农村无地、无业者和城市下岗失业人员,占全国经济活动人口的14%;其余的则属于中上阶层和中等阶层,分别占全国经济活动人口的3.2%和13.3%。[②] 从以上数据可以看出中国当前社会分层的特点:在全国经济活动人口总数中,上等阶层比重最小,约占1.5%;中间阶层比重次之,约占16.5%;中下层和下层约占82%,社会阶层呈金字塔结构。金字塔结构的建筑物是稳定的,因为其重心低,但金字塔状的社会结构是不稳定的,因为处于社会中下层的人口比例大,则意味着想改变现状的人数多,如果他们往社会上层流动的渠道受阻,就会积聚不满、引发矛盾冲突。

在社会不平等的产生机制方面,在不同类型的社会中体现为不同的逻辑。马克思主义的不平等理论认为,市场机制是不平等的源泉,解决的办法就是用国家的再分配来代替市场机制。自由主义对不平等的解释与马克思主义对不平等的解释则几乎完全对立。在自由主义看来,有权力介入的再分配才是社会不平等的根源,因为权力的介入会从根本破坏公平。近些年来形成的新制度主义理论认为,在不同的制度环境和背景下,无论是再分配机制还是市场机制,对于社会不公平的形成作用是不同的。在资本主义市场经济中,市场是不平等的主要源泉,而福利国家的再分配干预具有一种抵消这种不平等的作用;在国家社会主义社会里,再分配制造不平等,市场则起一种抵消的作用。在我国从计划经济向市场经济的转变过程中,行政权力对于市场的形成与财富的流动和分配起着举足轻重的作用。人们在谋求财富和社会地位的过程中,很可能会遭遇各种制度性的不公正,如市场准入的不公、教育的不公以及法律政策的不公。21世纪以来,我国面临的首要问题不是经济发展的问题,而是社会问题。社会阶层的分化,使不同利益群体在维护既得利益和预期利益的过程中不可避免地会产生各种矛盾。解决这些矛盾引发的纠纷,则是我国传统调解所无力应对的挑战。

4.2.2 当前我国民间纠纷的特点及其发展趋势

关于"民间纠纷",法律上没有一个严格的定义。2002年11月1日起施行的

① 根据我国统计制度,经济活动人口是指所有年龄在16岁及以上,在一定时期内为各种经济生产和服务活动提供劳动力供给的人口。这些人被视为实际参加或要求参加社会经济活动的人口,也称为现实的人力资源。它处于就业或失业的状态,是就业人口与失业人口之和。

② 杨继绳.中国当代社会阶层分析[M].南昌:江西高校出版社,2011:346-356.

《人民调解工作若干规定》第20条将人民调解可以调解的民间纠纷的范围规定为:“公民之间以及公民与法人和其他社会组织之间涉及民事权利义务争议的各种纠纷。”《人民调解工作若干规定》的第22条则从反面排除人民调解委员会不能调解的纠纷,包括:法律、法规规定只能由专门机关管辖处理的,或者法律、法规禁止采用民间调解方式解决的纠纷;人民法院、公安机关或者其他行政机关已经受理或者解决的纠纷。但是,在各地的司法实践中,为了应对纠纷解决的需求,人民调解的范围又突破了这一规定,已经渗透到法人、社会组织之间的纠纷化解中。甚至有些地方的人民调解已经拓展到轻微刑事案件的化解中,并取得了积极的效果。据此可以认为,所谓民间纠纷,是指公民、法人和其他社会组织之间因涉及民事权利义务争议、或因违反社会公德、或因轻微刑事违法行为而引发的纠纷。随着改革的深入和社会的发展变迁,与传统的民间纠纷相比,现阶段我国的民间纠纷呈现出一些不同的特点与发展趋势。

1. 民间纠纷的特点

第一,纠纷数量高位运行。在我国现阶段,由于社会结构的分化、不同群体之间的利益差别与对立以及人们价值观念的变化,伴随着经济高速发展的是各种不稳定和不确定因素的激增。再加上政府的不当行为以及制度性缺陷所导致的利益失衡与不公,使各种社会失谐因素更容易被激活,从而引发社会矛盾与冲突。当前我国的纠纷数量高位运行,且呈不断攀升的趋势。根据历年《中国法律年鉴》的统计,从2008年至2012年的5年间,全国法院民事一审案件收案数分别为:5,412,591件;5,800,144件;6,090,622件;6,614,049件;7,316,463件;全国人民调解委员会调解民间纠纷数分别为:4,981,370件;5,797,300件;8,418,393件;8,935,341件;9,265,855件。从统计结果看,在这5年间,全国人民法院民事一审案件的收案数以及人民调解委员会调解的纠纷数不但数量巨大,并且每年均呈上涨趋势。根据司法部的统计数据,从2002年到2012年的十年间,各级人民调解组织和调解员共调解各类矛盾纠纷5746.9万件;而从2007年到2012年的5年间,全国各类人民调解组织共调解各类矛盾纠纷近4000万件。[①] 也就是说,后5年的矛盾纠纷占了十年间总数的70%,这都说明社会冲突和纠纷的数量是呈攀升趋势。

第二,纠纷主体的多元化和纠纷类型的多样化。首先,从纠纷主体及其相互关

① 人民调解组织解4000万疙瘩[EB/OL]. http://www.moj.gov.cn/index/content/2013-01/10/content_4120799.htm? node=7345. 访问日期:2013-1-10.

系而言,由于我国传统社会结构单一,人际交往不多,因此大多数纠纷为农民之间的纠纷,并且纠纷主体之间的实力差距一般也不大。在现代,随着社会阶层的分化,纠纷主体呈多元化趋势;同时,在很多纠纷中,当事人在社会地位、经济实力和文化素质等方面相差悬殊。其次,从纠纷类型而言,我国传统调解主要解决的是"户婚田土钱债"纠纷以及轻微的刑事案件。随着经济的发展与时代的变迁,现代社会除了传统纠纷以外,还衍生出许多新型的纠纷,譬如:土地流转、征地拆迁、环境污染、交通事故、劳资纠纷等。很多新型纠纷涉及的人数众多、地域范围跨度很广,解决此类纠纷需要综合性的知识,传统的地方性知识根本无法应对。

第三,纠纷性质的复杂性与易激化性。传统的小农经济不但决定了纠纷的类型比较简单,也决定了发生于熟人社会的传统纠纷掺杂的感情因素比较多,很多情况下都是为了"争口气"或"面子问题"。随着市场经济的发展,现在有些纠纷涉及的社会关系复杂多样,如土地和房屋纠纷就涉及集体土地承包经营制度、农村宅基地制度以及国家的经济政策等。再加上市场经济下的现代人是功利化和经济理性化的,现代纠纷往往具有很强的利益指向性。以教化方式为主的传统调解,对于利益指向性较强且涉及社会关系复杂的纠纷而言,其功能必然受限。从纠纷的发展而言,传统纠纷性质单一,且熟人社会中的当事人也更倾向于选择妥协和忍让以解决纠纷,因此传统社会的纠纷扩散性较弱,也往往不易激化。而现代的新型纠纷涉及的社会关系比较复杂,并且随着现代传媒和通信技术的发展,某些纠纷很快会成为社会和舆论关注的焦点问题,某些矛盾纠纷甚至会激化为群体性事件。对这类纠纷的解决,无论是从程序还是实体而言,在某种程度上更依赖于具有一定普适性的标准。

2. 民间纠纷的发展趋势

当前我国社会整体存在较高风险,未来可能引发社会风险的矛盾源与社会环境依然存在。目前,因民生问题、利益问题、环境问题等引起的社会矛盾依然存在,全国信访总量仍高位运行,社会性突发事件没有减少的趋势。总体而言,我国民间纠纷的发展趋势具有以下特点:

第一,基于物质利益产生的矛盾和纠纷会进一步增加。当前,贫富不均、两极分化成为社会矛盾和冲突最大的来源。某些强势群体或集团,甚至运用越轨手段,在损害弱势群体利益的基础上获取利益。此外,有的地方政府为了政绩,片面追求GDP,不顾长远利益,破坏生态环境,导致老百姓的利益受损。在科学发展观与建设和谐社会的背景下,这些利益受损群体开始进行激烈的抵抗,要求对他们以往受损的利益进行补偿。近几年来,随着老百姓维权意识的增强,在遇到基层政府或者企业侵害他们利益的情况下，他们不再是无奈地服从，而是为保护自身利益进行抵抗，甚至不惜采用最激烈的手段。可以预见，在未来很长一段时期内，利益性冲突会继续保持增长态势。

第二，基于社会分层和观念分化产生的纠纷会进一步显化。阶层分化导致社会财富和资源分配不公，这种不公甚至出现了代际传递现象。比如，一项对全国37所不同层次高校（专科学校除外）1994级和1997级学生近7万人的调查显示，就接受高等教育的机会来说，来自城镇的学生比来自农村的学生，机会获得的整体差距为5.8倍，在全国重点院校中高达8.8倍。该研究还显示，农民子女、工人、党政干部、企业管理人员和专业技术人员子女进高等学校的机会分别是1∶2.5∶17.8∶12.8∶9.4，其中进入全国重点高校中的机会更是悬殊极大，分别是1∶4∶31.7∶22.6∶17.4。作为体力劳动者的工人和农民子女，与作为脑力劳动者的党政干部、企业管理人员和专业技术人员子女进入高校的机会差距也很大：在高校总体中为9.16倍，在全国重点院校中接近15倍，工农子女的合计份额不到45%。[①] 由于政治地位和社会地位的不平等，导致人们内心产生不公正感、不满意感、相对剥夺感，这种由于价值观念因素引发的社会矛盾，也在大量出现并呈明显递增趋势。

第三，不同领域中的矛盾相互交织扭结，容易形成链式反应，使冲突形式多样，纠纷激烈程度提高。随着我国经济的发展和社会的分化，社会关系和利益结构也发生了很大的变化，出现了新的社会阶层和新的利益群体。不同的阶层和群体在利益格局中的地位以及获取资源的能力很不相同，有一些是强势群体，有一些则是弱势群体。由于我国转型期社会利益配置的不平衡性，导致不同利益群体之间的社会关系和利益格局十分复杂。而且，许多利益群体“具有较强的流动性或辐射性，形成了跨行业、跨地区、跨体制的网络，在社会关系上相互牵扯。这种状况使得利益矛盾往往容易形成链式反应，并传导到更大的社会生活领域，从而使特定方面和领域中的矛盾成为社会性的矛盾”。[②] 比如，在目前的医患纠纷、劳资纠纷中，各纠纷主体在被贴上不同阶层和利益群体的标签之后，特定纠纷主体之间关于特定纠纷的矛盾往往就会辐射或扩散，以致超出原来的范围，造成更大的影响，甚至引发极端行为，引来警察，惊动政府。最后还可能转化和扩大，由“民民矛盾”转化为

① 张玉林.中国的职业阶层与高等教育机会[J].北京师范大学学报（社会科学版），2005(3).

② 郑杭生，杨敏.当前我国社会矛盾一些值得关注的动向——一种社会实践结构性变化的新视角[J].学术前沿论丛，2006:27－37.

“官民矛盾”甚至“官官矛盾”。

4.2.3 传统权威的“祛魅”

如上文所述,传统调解的正当性和可接受性往往来自于调解者的个人权威或其所依附的国家权威。在现代社会,与市场经济、民主政治和多元文化相伴随的则是权威的被“祛魅”,处于社会转型期的我国政府之权威也不能幸免,政府的公信力正在遭受着严峻的考验。造成这种局面的原因是多方面的。第一,随着市场经济的发展和国家在资源配置中的权力收缩,依附于资源控制和资源配置的权威也会自然收缩。第二,改革开放过程中的某些制度性不公使民众积累了不满。市场经济必然使利益主体多元化,各个不同利益群体之间的矛盾也随着改革的深入而日渐凸显和尖锐。第三,根深蒂固的“官本位”思想淡化了政府的服务意识,政府工作的透明度不高,或者危机处理的方式不妥当,在无形中损害了政府的公信力。第四,某些政府官员的贪污腐败和胡作非为极大地破坏了政府在老百姓心目中的形象。第五,由于现代传媒技术的发达以及普法工作的开展,“民主”“权利”的观念深入人心,民众对公权与私权的各自领域有了一个大致的了解,在有些场合也会拒绝公权力的介入。

传统权威的弱化一方面表现为长老在村庄生活中的边缘化。在传统社会,在村庄的求神、祭祀等传统的仪式和活动以及村民办理红白喜事时,长老的作用甚大。在村民家庭及邻里纠纷的调解中,宗族里的长辈或者村里的年老有德者也往往会参与其中。现今,长老很少参与村庄红白喜事以外的事务,即使是在操办红白喜事时,其充当的也往往是被动而非主动的角色。一个年老有德者已不能随意介入他人的事务,在以利益为指向的纠纷解决中,长老也失去了其作为一族之长的话语权,即使有发表意见的机会,也仅仅是“意见”而已。传统权威弱化另一方面还表现为风俗习惯、乡规民约等民间规范制约力的软化。“各吃各的饭,各种各的地”,谁也不求人,谁也不管他人的“闲事”,自己的事情他人也不能随意介入。

经济基础决定上层建筑,生产方式决定生活方式,社会存在决定社会意识。传统权威的弱化源于现代农民的理性化,而后者又是现代化的产物。换言之,市场经济的发展、传统文化的中断以及现代传媒技术发展等多种因素导致了传统权威的被“祛魅”。

20 世纪以来,伴随着清王朝统治的结束,中国进入到一个加速现代化的时期。在毛泽东时代,强大的现代政权依靠权力的组织网络强力改造社会,将现代性因素快速注入这个有着5000年文明的传统国家。不过,这种依靠政治对文化和传统的改造显得十分粗疏,因为这种改造仅仅是“消灭了器物层面的、外在的东西,而没有真正触及观念(灵魂)及深层行为逻辑”。① 政治在一夜之间似乎打碎了所有的东西,但实际上,一些被“打碎”的东西在意识形态话语的包装下,仍旧改头换面地发挥着作用。

改革开放使中国走向了发展市场经济的道路。在市场经济浪潮的冲击下,中国的农村和农民也被抛入到一个巨变的潮流之中。首先,经济和生产技术的发展可以使核心家庭能独立胜任农业生产,不需与他人共用农具,农忙季节也可以花钱雇人干活,过去邻里之间的守望帮扶对于个人生存和发展的作用已大大减弱,这构成了乡规民约等民间规范约束力软化的一个重要因素。其次,随着打工经济的发展,农村的经济活动人口在读完初中或者高中以后大多会进城务工,也就是说,他们的知识与阅历的获得大部分是来自于书本以及在城里的现代生产和生活方式,而对村里的风俗习惯和传统则十分陌生。人员流动的增加也导致了现在农村的空心化,除了不能随父母外出读书的留守儿童以外,留守村庄的大多就是一些年老体弱的老人,他们留守在村庄,也守护着传统。但由于家庭收入的主要来源为青壮年的打工收入,当不同的价值观念在两代人之间发生碰撞的时候,传统观念必将示弱。因为市场经济带来了人际关系的理性化,即使是在家庭成员之间,许多情形下也是经济条件决定了家庭地位。再次,随着现代传媒技术的发展,在“信息爆炸”的当代,熟悉传统的长老与后辈在信息的拥有量、信息获取的途径、思维方式甚至生活习惯等方面都大异其趣,经济的飞速发展、社会面貌的日新月异使“传统”在许多场合成了“落后”与“保守”的代名词。最后,随着国家法律和政策的层层渗透以及罪刑决定权的收归国家所有,风俗习惯、乡规民约、传统道德等民间规范至多只起着行为指引和舆论监督的作用,规范性和制约力软化。总之,市场经济作为一种理性经济,与其所承载的理性观念一起,对于中国社会的改变,不再是粗疏地掠过,而是细密而深刻的改造和改变。它不仅改变了人的价值观念,使人趋于理性化,也改变了社会结构,使人与人世间的关系趋于理性化。传统权威被“祛魅”,礼治秩序被破坏,由伦理纲常维持的乡村共同体已基本解体,村民们也变成了精于算计的经济人,昔日人与人之间的伦常关系已逐渐演化为利益关系。

市场经济是理性经济,其核心就是以最小的成本获取利益的最大化;市场经济

---

① 贺雪峰.最近十年农民的理性化进程[EB/OL]. http://www.snzg.cn/article/2007/0904/article_6850.html.访问日期:2015-01-10.

也是一种世俗经济,在道义与实利之间,它选择了后者;市场经济更是一种现世经济,它不相信未来,一切都为现世的利益,因此它推崇物质主义、消费主义和享乐主义。市场经济是一台性能良好的发动机,它一旦启动便会高速运转,为社会创造大量的物质财富,可这台发动机自身是不配有限速系统和制动系统的,它需要其他的系统来对其予以限制,其中就包括了人们的文化价值信仰和道德伦理。"中华民族的信仰体系是建立在以儒家道统为核心的传统文化基础之上的,这个道统自尧、舜、禹、汤、文、武、周公、孔子、孟子,到董仲舒、文中子、朱熹、王阳明,一脉相承。"① 但是,近一百年前的新文化运动一面倡导着"救亡图存"的历史主题,一面将儒家思想中的传统价值当做封建主义的糟粕全盘否定与抛弃。战乱,尤其是新中国成立后的历次政治运动,最终将儒家道统解构并使其失去了话语权。文化传统中断,信仰体系瓦解,也就使国人的道德失去了伦理资源。在中国,由于反叛传统而被抛向信仰真空的人们,在接受了符合人类贪婪本性的市场经济的同时,却无法提供与市场经济配套的有关合作、契约、规则、平等、自由等文化价值的土壤。因此,当就以利益为指向的纠纷进行调解时,如果调解者依旧倚重意识形态和传统伦理道德,由于缺乏价值认同,不但使合意难以达成,甚至会使合意演变成"恣意"。

4.3 "行政化"运行模式引发的问题:社会治理视阈中的政府主导型人民调解

社会治理作为一种公共管理模式,随着人类文明的发展而不断推陈出新。从古至今,人类社会经历了古代统治型治理模式、近现代管理型治理模式以及当代未成形的服务型治理模式。② 统治型社会治理模式从属于社会等级制度,即以统治的形式来实现社会的等级秩序;管理型社会治理模式遵从政治与行政的二分原则,按照官僚制的理想模型,以科学化、技术化和形式合理性的方式来进行社会治理;服务型社会治理模式则以新兴的治理理论为基础,强调国家权力向社会的回归和还政于民,强调多元主体对社会公共生活进行共同管理,从而使公共利益最大化。随着时代的变迁,当代社会治理创新的内涵可以概括为:社会治理主体多元化,且多元主体之间具有互助合作关系;社会治理手段复合化,具有覆盖全社会的立体治

① 罗浩波. 中国社会核心价值体系百年缺失的哲学反思[J]. 探索,2011(5).

② 张康之. 社会治理中的价值[J]. 国家行政学院学报,2003(5).

理网络;社会治理的目的不仅是要提高社会的效率,更是要体现社会公平。①

所谓能力,百度百科将其解释为"是完成一项目标或者任务所体现出来的素质"。② 从这个意义上说,政府的社会治理能力是指政府在社会治理中所体现出来的素质和本领。具体而言,政府的社会治理能力就是指"政府通过制定专门的、系统的、规范的社会政策和法规,管理和规范社会组织,培育合理的现代社会结构,调整社会利益关系、回应社会诉求、化解社会矛盾,维护社会秩序和社会公平公正,通过多种机制提供广泛而良好的公共产品和服务,建设政治、经济和自然协调发展的社会环境的能量和力量的总和"。③ 它包括社会政策能力、社会资源汲取能力、社会控制能力、社会整合能力、社会平衡能力、社会适应能力以及公共服务能力等。一般而言,在现代市场经济条件下,衡量政府社会治理能力强弱的标准主要从三个层面来把握,即政府的有效程度、政府的权威程度和政府的法治程度。④

作为我国社会纠纷解决机制的重要组成部分,人民调解是我国社会治理体系的重要内容,其制度安排的合理性及其解纷实践的有效性也是社会治理能力的重要体现。实践中,人民调解的"行政化"运行模式是我国组织化调控模式在纠纷解决领域的延伸,有其产生和存在的合理性,也确实解决了大量民间纠纷。但是,这种政府主导型的运行模式是一种"人治"或"半人治"的社会治理方式,其发展方式是一种资源填充型的发展方式,即内卷性增长。政府在纠纷解决过程中通过正式权力的非正式行使,遵循策略主义逻辑来定纷止争。但是,这种短期的和策略化的运行模式使政府权力在纠纷解决中存在随意性、约束性差以及不稳定性等弊端,本案纠纷的解决无法建构预期事实。治理不仅是自上而下的推行,也是自下而上的认同。在将维护社会稳定视为一项政治任务的压力型体制下,由于政府行为缺乏规范性和统一性,政府主导型人民调解中当事人的自主性和自愿性较弱,这在无形中会导致政府的社会治理能力的弱化与流失。本书试图从法律权威、政府权威两个角度对此问题予以分析。

---

① 肖文涛.社会治理创新:面临挑战与政策选择[J].中国行政管理,2007(10).

② http://baike.baidu.com/link?url=mXKeoUaGNs7y-WvH_gLqmJuNHz3H-5uycKx1nhLO1pj2ExSLLQiHRoaGC_dx W9M3NWFk_uGr1Cv1FtLn5rRq-yZ47JP-gAQJ90lFKK34vvq.访问日期:2015-02-10.

③ 李松锦.论转型期政府社会治理能力建设[D].福州:福建师范大学硕士学位论文,2008.

④ 肖文涛.能力建设:现代地方政府面临的时代课题[J].理论探讨,2005(3).

4.3.1 司法权威的失落

社会治理的最佳状态是善治,而法治是善治的前提和基本要求。所谓善治,就是“要求在充分发挥政府调控机制、市场机制和社会自治机制三种优势的基础上,鼓励公众广泛参与公共治理,推动国家与社会、政府与公众的互动,实现公共关系的理性化,最终实现善治”。[①] 在多元社会治理主体共同参与公共事务的管理过程中,需要遵循法律的规范和指导,以相互调适目标和行动,增进彼此利益,共同解决冲突。其中,政府作为公共利益的代表,就需要以公共利益为依托,运用法律调控手段,将各种主体之间的权利和义务用法律的形式固定下来,并正确规范、引导、调节和监督各种社会治理主体的行为。如果没有法律的规范和指导,或者法律没有足够的权威以规范社会治理主体的行为,所有的治理都将无章可循,其结局不是专制就是无政府主义,社会将不可能和谐有序。

调解与法律及诉讼之间特征及价值取向的差异性,使调解构成对法律权威的冲击成为可能。诉讼程序具有规范性和刚性的特点,其价值取向在于以程序的正义性保证结果的正义性和可接受性,诉讼的目的除了解决本案纠纷以外,还具有宣示规则和稳定预期的功能。调解的目的在于切合实际地、妥当地解决纠纷,无需宣示规则,因此调解只是一种“在法律阴影下谈判”的纠纷解决方式,具有非规范性和非程序性的特点,启动调解程序的自愿性和调解协议达成的合意性是调解之正当性的来源与保证。由于调解内容的正当性并非来自于法律规则,而是由当事人之间的合意予以保证,因此,调解协议在法律意义上之公正性的获得至少需满足以下条件:当事人之间法律地位的平等、双方对法律的知晓与理解以及双方相近的讨价还价能力。根据棚濑孝雄先生的观点,可以将调解从功能上分为判断型、教化型、交涉型和治疗型。判断型调解是一种以发现法律上的正确判决为目标,在发现这个目标的过程中充分发挥调解降低成本的优势的一种调解类型;教化型调解是一种不谋求审判的再现,而是以发现调解自身特有的正义或所谓另一种正确的解决纠纷的方式作为自己的任务,来恢复依法解决所失去的衡平,恢复社会的连带的过程;交涉型调解是指以当事人估计的审判可能得到的结果和所需的成本为下限,在这样的基础上与对方进行讨价还价,从而达成纠纷解决的调解类型;治疗型调解在棚濑孝雄看来是一种最不容易实行的调解类型,这种模式把纠纷视为人际关系

① 肖文涛.社会治理创新:面临挑战与政策选择[J].中国行政管理,2007(10).

的一种病理现象，对于这种病变，需要通过心理治疗的恢复来获取纠纷的解决。棚濑孝雄认为，每一种模式在合意达成的正当性或有效性方面都有其特有的优势与劣势，任何单一的模式都可能导致“合意的贫困化”。在判断型和教化型调解中，以发现“正确的解决”为目的的调解过程，使调解者的判断在调解中获得了决定性的意义，这样的情况就可能使当事人在纠纷处理中失去了自己解决问题的主动权，而仅依赖于调解者自上而下的判断与强制。判断型和教化型调解有可能压迫合意本来的形成机制，只允许当事人通过选择以拒绝权这样的一种方式表现出来，因此，这样的一种机制因为缺少当事人之间的有效沟通与对话，就可能使“合意”异化成“同意”。合意贫困化的另一种现象就是“合意”的“好意”化。在教化型和治疗型调解中，都隐含着恢复共同体秩序和恢复人际关系的目的，这样就给合意的形成带来了额外的负担，就可能抑制当事人的权利主张和导致并不情愿的妥协，使“合意”向“好意”变形。合意贫困化的第三种表现就是合意的“恣意”化。在交涉型调解中，当事人不能理性地控制合意的内容，强势的一方就可能随心所欲地把自己的意思强加于对方，而在封闭的调解场域中，由于缺乏客观标准，“恣意”就可能会取代“合意”来支配纠纷解决的整个过程。① 调解中合意功能的受阻会导致调解协议的非正义性，另一方面，调解的个案性也决定了调解结果的高度或然性，在调解中，“由于形式正义不适用，与特定某人就相同问题进行协商的不同个人，可能就无法得到比较正义”。② 总之，由于调解在目的、程序以及结果等方面的性质和特点与法律、诉讼大异其趣，使调解在特定条件下就可能造成对法律权威的冲击。

从某种程度上而言，调解在多元化纠纷解决体系中具有独特的地位和作用，在理想状态下调解可以为诉讼拾漏补缺，甚至与诉讼可以相辅相成。另一方面，调解的非正式性和自愿性也“包含着法律发展和民主主义自治的契机”。③ 但是，也正是因为调解的非正式性和自愿性，如果强制性调解被滥用和调解秩序被过度扩张，则会使人民调解制度变成一个被错爱的制度，而我国当前的人民调解就有过度扩张和被滥用的趋势。在“大调解”工作体系中，人民调解“纵向到底，横向到边”的组织网络不但有利于纠纷的排查、预防与调处，也有利于与行政调解、司法调解以及诉讼的协调与衔接。因此，在“大调解”工作体系的运行中，人民调解起着承上启下、耦合各种解纷机制的作用。从矛盾纠纷调处中心的工作流程可以看出（见

① ［日］棚濑孝雄．纠纷的解决与审判制度［M］．王亚新译．北京：中国政法大学出版社，2004：52－73．

② ［美］迈克尔·D·贝勒斯．程序正义［M］．邓海平译，北京：高等教育出版社，2005：216．

③ 季卫东．调解制度的法律发展机制——从中国法制化的矛盾情境谈起［A］．易平译．载于调解、法制与现代性－中国调解制度研究［M］．北京：中国法制出版社，2005：77．

图2－4),人民调解从扎根基层的调解组织对纠纷的排查、预防和调处,到乡镇(街道)调解委员会的调解以及专业性、行业性人民调解委员会的调解,都属于人民调解的范畴。除此之外,行政机关处理纠纷的时候可以引导当事人进行人民调解,法院也可以进行诉前、诉中委派或委托人民调解组织进行调解,由此可见人民调解已经"嵌入"纠纷解决的每一个环节,在多元化纠纷解决机制中起到了枢纽作用,实现了不同解纷机制之间的"无缝对接"。我国当前调解秩序的过度扩张还表现在法院调解中鼓励调解的一系列制度和政策导向,由于不属于本书的讨论范围,在此不做赘述。在人民调解秩序过度扩张的同时,人民调解也呈现出权力化和行政化的态势,即政府主导型人民调解。如上文所述,从调解员在调解中的地位与作用的角度分析,我国的调解模式为调解员主导型调解。在这种调解模式中,调解主体之间的关系结构表现为自上而下的纵向关系,而当事人之间却缺乏有效的沟通和博弈(见图3－1),故此类调解中的合意是以当事人的拒绝权为核心的。在当前的维稳压力之下,主导调解的政府工作人员具有强烈的判断偏好,并且为了平息纠纷,无论其动机多么善良,为达目的不择手段的马基雅维里式的权术主义也会成为其理性选择。因此,在某种意义上而言,我国当前的政府主导型人民调解具有一定程度的强制性,正如柯恩所分析的中国调解之特征一样:"还有一类调解人员,不仅要实现当事人之间的意思沟通,而且要确定重点,决定事实问题,提出具体的合理的解决方案——甚至恐怕还要做出暂时的或规劝性的判断——对当事人一方或双方施加强大的政治、经济、社会、道德上的压力,以使其不得不'自愿'地接受调解方案。"①

调解秩序的过度扩张与强制调解的滥用,对法治的冲击首先表现为强制调解对当事人诉权的侵犯。诉权是请求法律救济的权利,是公民的一项基本权利。当公民认为自己的权利受到侵犯或者与他人发生争议时,就有权走向法院寻求司法救济。而实践中一级级的人民调解、一次次的"协调会"以及运用法律、政策、道德给当事人施加的各种有形和无形的压力,都是对当事人向法院寻求救济之权利的限制。

其次,调解秩序的过度扩张加剧了司法生态的脆弱性。在我国,法院只是为社会主义建设保驾护航的一个部门,宪法所规定的法院独立地位迟迟不能确立,法院的工作常常受到司法外权力的干预,司法生态脆弱。21世纪以来,我国对调解的

---

① Jerome A. Cohen:"Chinese Mediation on the Eve of Mediation", California Law Review Vol. 54 (1996). P. 1201.

强调旨在缓解诉讼压力和执行难等问题，但对调解的过度强调则会导致司法生态环境的进一步恶化。因为，"法院的工作既不是最大限度地满足当事人的目的，也不是确保当事人之间的和睦安宁，而是对包含在诸如宪法和法律等权威性文本中的价值进行详细说明并赋予强制力；解释这些价值并使现实与其相一致。和解将剥夺法院做出解释的机会。"①而强制性的诉讼外调解则会将法院排除在某些纠纷之外，使法院的权威旁落。为独立、公正地行使审判权力，法院和法官理应具有一定的超然性，与社会应当保持适当的距离，以免法院和法官与可能涉诉的事件或当事人产生利益上的联系。但在当前的"大调解"工作体系中，法院和法官则陷入了复杂的社会关系和权力关系之网中。法官为人民调解提供指导，参加调解协调会，甚至主持人民调解，这无疑会使"法官在相关可能的讼案中产生了个人利益，与其他权力主体有更多的沟通渠道。进入诉讼阶段以后……其他官员的政绩、利益、政策偏好（发展经济、减少上访）等自然或多或少为法官所采纳，使判决不成其为法律判决，而成为'经济判决'或'政治判决'或'社会判决'"。② 这种非法律的判决不仅损害了法律的权威和判决的既判力，还会成为法院遭受非难的理由，法院的权威也在无形中被解构与耗散。

最后，强制性调解对法律的权威构成了根本性的威胁。"法律的一项本质功能就是反映对这些不能被协调的分歧应当如何公共解决；立法者们被迫在这些公共利益的不同版本中作出选择。替代性纠纷解决机制的某种潜在危险就是仅仅寻求理解与和好的纠纷当事人可能会无视立法者作出的选择，结果可能会忽略体现在法治中的公共价值。"③在调解中，纠纷解决的依据为情、理、法的融合，这体现了调解的开放性和包容性，也正是调解的独立价值和比较优势所在。但在我国当前将"维稳"视为一项政治任务的背景之下，压力型体制下的行政机关就有了促成调解和平息纠纷的强烈倾向。在同一场域中，不同角色的行为之间、行为与制度之间都是互动的，当调解人的利益不能超然于纠纷解决之时，甚至调解人还负有解决纠纷的义务时，当事人往往会利用调解者的困境争取己方利益的最大化。这时，政府兜底、劝服或压迫对方做出让步就成为惯常的用以平息纠纷的手段。当法律无法规范人与人之间的关系，当纠纷解决准则沦为"会哭的孩子有奶吃"时，那么，法律

---

① [美]斯蒂芬·B·戈尔登堡等. 纠纷解决——谈判、调解和其他机制[M]. 蔡彦敏等译. 北京：中国政法大学出版社 2004：161－162.

② 周永坤. 论强制性调解对法治和公平的冲击[J]. 法律科学（西北政法学院学报），2007(3).

③ [美]斯蒂芬·B·戈尔登堡等. 纠纷解决——谈判、调解和其他机制[M]. 蔡彦敏等译. 北京：中国政法大学出版社，2004：161－162.

的权威何在?

4.3.2 地方政府社会治理权威的流失

权威(Authority),可以最简单地定义为“正当的权力”。[①] 权力是影响和控制他人行为的能力,而权威则是发挥此影响的能力,是权力对象对权力的服从与认同。这里的“‘认同’不同于简单地意识形态灌输或者角色安排,个人或者群体在认同方面具有较强的能动性和建构权力,能够对各种外在因素做出适当的‘诠释’(interpret),做出接受(即内化)或拒绝的选择,它是行动者自我反思(self - reflection)能力和行动的反身性监控(reflexive - monitoring of action)能力提升的结果和表征”。[②] 政府的社会治理权威,不仅仅是政府自上而下对社会的管理和控制,也包括治理对象自下而上对政府之社会治理方式和能力的认同。

从应然层面而言,在官僚体制下,政府工作人员主导人民调解,应以常规化和制度化的方式行使国家权力,根据理性和法律规定行使权威。马克斯·韦伯认为,任何组织的形成、管治、支配均建构于某种特定的权威之上。他提出了三种正式的政治支配和权威的形式:传统权威、魅力权威以及理性法定权威。传统权威(traditional authority)是指一种很大程度上依赖于传统或习俗的权力领导形式,是封建、世袭制度的基础。魅力权威(charismatic authority)是指当一个领导的使命和愿景能够激励他人,从而形成其权力基础,产生魅力权威;对魅力领袖的忠实服从以及其合法性都是基于信念,人们或会被灌输神或超自然的力量,如宗教先知、战争英雄或革命领袖。理性法定权威(rational - legal authority)是以理性和法律规定行使权威,对象的服从不是因为信仰或崇拜,而是因为规则赋予了领导者权力;理性法定权力的运用能够形成一个客观、理性和非人格化的组织结构,是官僚制的基础和核心。[③]

我国当前的政府主导型人民调解是一种非规范性、权宜性和策略性的矛盾纠纷解决机制,这就使得政府无法提升自身化解社会纠纷的制度化能力。这一方面是因为,政府主导型人民调解是一种以“尽快平息事态”为目标的、具有强烈工具

① Andrew Heywood. Politics: Second Edition. New York: Palgrave Macmillan. 2002[EB/OL]. 转引自 http://zh. wikipedia. org/wiki/权威. 访问日期:2015 - 2 - 15.

② 李友梅,肖瑛,黄晓春著. 社会认同:一种结构视野的分析——以美、德、日三国为例[M]. 上海:上海人民出版社,2007:5.

③ [德]马克斯·韦伯. 经济与社会[M]. 阎克文译. 上海:上海人民出版社,2010.

主义色彩的策略主义逻辑，很容易使政府陷入就事论事之中；另一方面，政府在调解纠纷过程中，依据的不是具有普适性的规则与标准，调解结果是各方主体具体博弈的特定结果，具有高度的或然性。能闹、会闹的当事人可能越能得到政府的兜底，也就越能争取到更多的利益。总之，政府主导型人民调解是正式权力非正式运作的一种权力行使方式，因为其具有较浓的“人治”特色而不利于提升政府纠纷化解的制度化能力。更为严重的是，调解过程中变相强制调解、政府兜底等软硬兼施的权力技术，会从根本上降低政府的治理权威，加速政府合法性的流失。

在政府主持的人民调解中，规则的旁落会导致政府治理权威的流失，而在压力型体制下，这种依靠组织化调控的运动式、策略性治理模式的有效性也会降低政府的社会治理能力和治理权威。

首先，在政府主导型人民调解中，地方政府社会治理能力的不足表现为调解工作经费保障不足、调解队伍不稳定、调解人员素质无法满足现实需求等问题，这成为影响我国当前人民调解制度之治理效能的最直接和表层的原因。而强制性调解和有时无原则的政府兜底，使得即使地方政府增加人、财、物的投入，在一定程度之后，其边际效益仍是递减甚至是负的。这是因为除了人民调解组织建设和司法行政机关的指导成本以外，个案的调解成本其实并不低廉，召开的一次次的协调会、拿钱摆平等手段和方式，都使得政府主导型人民调解与判决相较而言很难说具有低成本优势。当然，调解成功的案件相对于那些无休止的“缠访”“闹访”而言，确实可节省大笔的公共财政支出，但对于那些经过一级级调解组织的调解而仍未调解成功的案件而言，政府除了在其中所耗散的道德和合法性成本以外，其所耗费的经济成本也是无法估量的。

其次，政府主导型人民调解的低效能还表现为地方政府职能扩张与能力不足之间的矛盾。由于社会转型引发的社会矛盾多发化和复杂化而导致的不稳定幻象，在稳定至上的“压力型”体制下，地方政府很容易草木皆兵，一些基于利益而产生的正常的社会冲突，地方政府都可能将其幻化为影响社会稳定的大问题与大事件。在刚性维稳模式的强力推动下，许多本可以用法律手段解决的问题却用政治手段、行政手段解决。“随着大量社会问题的政治化，造成社会的各种经济问题、管理问题、法律问题和社会民生问题都指向政治领域，都要求政府予以包揽和解决，减缓了政府职能转变的进程，使得中国政府长期陷于体制性的职能超载而无法自拔。”①古语云：“郡县治，天下安。”这就表明了基层政府在社会治理体系中居于

① 唐皇凤.“中国式”维稳：困境与超越[J].武汉大学学报(哲学社会科学版)，2012(5).

关键地位,也决定了社会治理的效能。而我国政府主导型人民调解机制的现实情况就是,除了上文所分析的既缺钱又缺人以外,处于科层体系最低端的基层政府又显示出明显的“权力劣势”。虽然基层政府对治理对象和具体情况更为了解,也即更具“信息优势”,但由于其“权力劣势”,使其既没有决策权,在具体的纠纷化解中可动用的资源相对来说也很有限。笔者在某司法所的调研中发现,某当事人的耕地因修路而被占用,却一直没有得到补偿(补偿款按政策估算为5000元左右),多次到司法所来要求政府出面调处。司法所工作人员打电话给对方当事人,要么就是叫不来,来了反而还说教司法所的年轻所长,说政府不要吃了饭没事干,不要管这等鸡毛蒜皮的小事,要管大事,因为好多大事都管不好等。由于纠纷化解中责任与权力、资源的错位,基层官员很多时候都是两头受气,上有压力,下又无法得到认同。因此,政府主导型人民调解的运行模式,从某种程度上而言,既不利于提高地方政府的社会治理效能,也销蚀了政府的合法性与权威性。

再次,在政府主导型人民调解中,由于调解者具有追求达成调解协议的压力,一方面会加大在调解中实现公平的困难,另一方面,由于调解者的利益与纠纷是否得到解决息息相关,调解者并不能超然于纠纷之外,故政府主导型人民调解不利于树立政府的治理权威,因为“作为纠纷解决者的第三方与纠纷双方的关系距离越远,纠纷解决就越容易具有权威性”。[①] 从调解的特性而言,调解的非程序性和非规范性就使调解失去了程序的正义性,因此调解的正当性只能靠当事人之间的合意予以保障。在调解人员具有平息纠纷之强烈动机的调解过程中,当事人会感到来自政治、经济、法律、政策、道德等多方面的、有形或无形的压力,这就会使得当事人或者伺机提出不公平的要求,以争取法律之外的利益,或者迫于无奈而接受不公平的协议。为了尽快平息纠纷,政府对当事人不同的策略行动会给予不同的回应,或者是无原则的兜底,或者是“拣软柿子捏”,劝好说话的当事人做出妥协让步。前者加大了公共财政支出,也破坏了比较正义;后者则往往是对权利已受侵害的当事人的第二次侵害。无论是对通过“闹大”而得到更多利益的当事人而言,还是对在政府工作人员的劝服之下迫于面子而做出妥协让步的当事人来说,这样的纠纷解决过程并非是正义实现的过程,因此这样的纠纷解决过程和解决效果不但无利于提升政府的治理权威,还加速了政府的权威性和合法性的流失。

最后,在政府主导型人民调解所化解的矛盾纠纷当中,确实有些当事人对政府的公平处理感恩戴德,甚至即使没能调解成功,一些当事人认为政府工作人员为自

① [美]唐·布莱克.社会学视野中的司法[M].郭星华等译.北京:法律出版社,2002:14.

己出了力而心存感激。但笔者认为，这种现象只是“人治”社会的产物，并不能当然地价值证成，因为这一权宜性、策略性的纠纷解决机制，其所解决的问题可能远不如它所制造的问题深且广。在调解场域中，不同角色之间的行动是相互作用、彼此建构的。在调解者有促成调解协议从而平息纠纷的压力之下，当事人很可能会利用调解者的这种困境提出不合理的要求，甚至策略性地将问题“闹大”，以使自己的利益最大化。因此，政府主导型人民调解并不必然利于矛盾纠纷的快速解决。为了尽快平息纠纷，政府以牺牲法治和政策底线让步和兜底，不但大大增加了化解社会矛盾的成本，而且还助长了民众的机会主义心理。近几年纠纷的急剧增多，除了因社会变迁而导致社会矛盾多发的因素以外，与机会主义上访、策划性地将纠纷“闹大”等现象的多发也有一定的关系。政府主导型人民调解这种“非制度化”“去司法化”的纠纷解决方式，一方面由于其无法宣示规则和建构预期事实，无法将法律带进人际关系，并将人际张力引向规范；另一方面由于在许多矛盾纠纷的调处化解中良民受损、刁民获益，这不但导致机会主义诉讼和机会主义上访数量猛增，也成了社会风气迅速恶化、社会共识进一步瓦解的原因之一。

总之，“调解的实践不仅是建构文化意义的社会事实，而且再生产权力关系和社会结构。”①社会治理需要一个敦促人们弃恶从善的激励机制，而法律应该是社会最为稳定持长的共识和最为有效的激励机制。虽然调解与法律的价值取向相异，但不能以牺牲法律的权威、扭曲法律的激励机制为代价，而我国当前的政府主导型人民调解的运行机制，却在维护法律权威、提升社会自组织能力等方面渐行渐远。这需要反思，更需要制度改良与结构优化。

4.4　本章小结

本章以分析政府主导型人民调解的制度性困境即人民调解制度的“内卷化”问题为逻辑起点，阐释了困境产生的原因为当代社会的转型以及社会转型引起的当前民间纠纷的嬗变以及传统权威的衰落，在此基础上，本章在社会治理视阈中对政府主导型人民调解进行了进一步反思。

孕育和发展于我国传统社会的人民调解制度，在市场经济条件下，其发展已呈内卷化态势。在社会学中，“内卷化”通常被用来指称因外部条件或内部机制的严

① 强世功．权力的组织网络与法律的治理化——马锡五审判方式与中国法律的新传统［A］．载于调解、法制与现代性 - 中国调解制度研究［M］．北京：中国法制出版社，2005：247．

格约束,社会经济或文化制度在发展过程出现一种惰性,导致一种没有发展的增长。它既可以指一种现象,也可以指一种机理。这种机理一旦定型,进入“锁定”状态,就会成为恶性的路径依赖,内部的结构更新和制度创新很难发生。[①] 本书认为我国人民调解制度的困境就在于人民调解制度的“内卷化”,即由于内部和外部条件的结构性制约因素,人民调解制度无法超越自身的限制,现有模式只能通过加大资源投入而勉强维持,因为没有制度内部的结构优化或制度创新,这样的增长只是一种没有实际发展的“资源填充型”增长,即内卷性增长。具体而言,人民调解制度的“内卷化”一方面体现为人民调解功能的式微,另一方面又体现为人民调解工作经费保障的不足以及调解队伍的稳定性和调解人员的素质无法适应现实需求,若只是在制度内加大资源投入,也只是简单重复再生产,也逃脱不了边际效益递减规律的窠臼。

社会转型是一个复杂、全面的社会变迁过程。总的来说,改革前的中国社会具有较高的同质性,是一个分化程度较低、分化速度缓慢的社会,社会成员间有限的分化都具有很强的“先赋性”,对个人在社会中所处位置具有决定性意义的,不是地域、职业、所属组织或群体,而主要是身份。1978 年以后,中国又进行着一次更为深刻的制度变迁,这就是将计划经济体制改变为市场经济体制。一系列全面而深刻的制度变迁,使中国的社会结构发生了重大的变化,即由总体性社会转向分化性社会。对于纠纷的产生与解决而言,在现阶段我国社会结构的分化与重组过程中,值得关注之处包括:一是乡村社会的变迁,二是社会各阶层之间利益分化与不平等的扩大和加剧。我国传统社会是熟人社会。改革开放以后,随着经济体制的改革、产业结构的升级和城市化的推进,农民的就业出现了多元化趋势;随着地方性共识的瓦解,人与人之间的交往日渐理性化,交往逻辑也日趋异化。这些都对乡村社会秩序的维系以及纠纷的解决提出了新的挑战。在我国从计划经济向市场经济的转变过程中,行政权力对于市场的形成与财富的流动和分配起着举足轻重的作用,致使中国当前社会利益阶层分化明显。21 世纪以来,我国面临的首要问题不是经济发展的问题,而是社会问题。社会阶层的分化,使不同利益群体在维护既得利益和预期利益的过程中不可避免地会产生各种矛盾。解决这些矛盾引发的纠纷,则是我国传统调解所无力应对的挑战。

所谓民间纠纷,是指公民、法人和其他社会组织之间因涉及民事权利义务争

---

① 人大经济论坛制度经济学版[EB/OL].详细出处参考:http://bbs.pinggu.org/forum.php? mod = viewthread&tid = 106 4032&page = 1.访问日期:2015 - 01 - 28.

议,或因违反社会公德、或因轻微刑事违法行为而引发的纠纷。随着改革的深入和社会的发展变迁,与传统的民间纠纷相比,现阶段我国的民间纠纷呈现出一些不同的特点,主要表现为:纠纷数量高位运行;纠纷主体多元化和纠纷类型多样化;纠纷性质复杂且易激化。当前我国社会整体存在较高风险,未来可能引发社会风险的矛盾源与社会环境依然存在。目前,因民生问题、利益问题、环境问题等引起的社会矛盾依然存在,全国信访总量仍高位运行,社会性突发事件没有减少的趋势。总体而言,我国民间纠纷的发展趋势具有以下特点:基于物质利益产生的矛盾和纠纷会进一步增加;基于社会分层和观念分化产生的纠纷会进一步显化;不同领域中的矛盾相互交织扭结,容易形成链式反应,使冲突形式多样,纠纷激烈程度提高。

传统调解的正当性和可接受性往往来自于调解者的个人权威或其所依附的国家权威。在现代社会,与市场经济、民主政治和多元文化相伴随的则是权威的被“祛魅”,处于社会转型期的我国政府之权威也不能幸免,政府的公信力正在遭受着严峻的考验。市场经济的发展、传统文化的中断以及现代传媒技术发展等多种因素导致了传统权威的被“祛魅”。传统权威的弱化一方面表现为长老在村庄生活中的边缘化,另一方面还表现为风俗习惯、乡规民约等民间规范制约力的软化。由于人际关系的理性化,当就以利益为指向的纠纷进行调解时,如果调解者依旧倚重意识形态和传统伦理道德,由于缺乏价值认同,不但使合意难以达成,甚至会使合意演变成“恣意”。

在社会治理视阈中,作为我国社会纠纷解决机制的重要组成部分,人民调解是我国社会治理体系的重要内容,其制度的合理性及其解纷实践的有效性也是社会治理能力的重要体现。实践中,人民调解的“行政化”运行模式是我国组织化调控模式在纠纷解决领域的延伸,有其产生和存在的合理性,也确实解决了大量民间纠纷。但是,这种政府主导型的运行模式是一种“人治”或“半人治”的社会治理方式,其发展方式是一种资源填充型的发展方式,即内卷性增长。政府在纠纷解决过程中通过正式权力的非正式行使,遵循策略主义逻辑来定纷止争。但是,这种短期的和策略化的运行模式使政府权力在纠纷解决中存在随意性、约束性差以及不稳定性等弊端,本案纠纷的解决无法建构预期事实。治理不仅是自上而下的推行,也是自下而上的认同。在将维护社会稳定视为一项政治任务的压力型体制下,由于政府行为缺乏规范性和统一性,政府主导型人民调解中当事人的自主性和自愿性较弱,这在无形中会导致政府的社会治理能力的弱化与流失。本书从司法权威、政府的社会治理权威两个角度对此问题进行了分析。

社会治理的最佳状态是善治,而法治是善治的前提和基本要求。调解与法律及诉讼之间特征及价值取向的差异性,使调解构成对司法权威的冲击成为可能。诉讼程序具有规范性和刚性的特点,其价值取向在于以程序的正义性保证结果的正义性和可接受性,诉讼的目的除了解决本案纠纷以外,还具有宣示规则和稳定预期的功能。调解的目的在于切合实际地、妥当地解决本案纠纷,无需宣示规则,因此调解只是一种"在法律阴影下谈判"的纠纷解决方式,具有非规范性和非程序性的特点,启动调解程序的自愿性和调解协议达成的合意性是调解之正当性的来源与保证。从某种程度上而言,调解在多元化纠纷解决体系中具有独特的地位和作用,在理想状态下调解可以为诉讼拾漏补缺,甚至与诉讼可以相辅相成。但是,也正是因为调解的非正式性和非规范性,如果强制性调解被滥用和调解秩序被过度扩张,则会使人民调解制度变成一个被错爱的制度,而我国当前的人民调解就有过度扩张和被滥用的趋势。调解秩序的过度扩张与强制调解的滥用,对法治的冲击首先表现为强制调解对当事人请求法律救济之权利即诉权的侵犯。其次表现为加剧了司法生态的脆弱性。强制性的诉讼外调解则会将法院排除在某些纠纷之外,使法院的权威旁落。而当前的"大调解"工作体系使法院和法官陷入了复杂的社会关系、权力关系之网中,这不仅影响了法官判决的独立性,也使判决实际上不具有终局性。最后,强制性调解使纠纷解决准则沦为"会哭的孩子有奶吃",这也对法律权威构成了根本性的威胁。

政府的社会治理权威,不仅仅是政府自上而下对社会的管理和控制,也包括治理对象自下而上对政府之社会治理方式和能力的认同。在官僚体制下,政府工作人员主导人民调解,应以常规化和制度化的方式行使国家权力,根据理性和法律规定行使权威。我国当前的政府主导型人民调解是一种非规范性、权宜性和策略性的矛盾纠纷解决机制,这就使得政府无法提升自身化解社会纠纷的制度化能力。在政府主持的人民调解中,规则的旁落会导致政府治理权威的流失,而在压力型体制下,这种依靠组织化调控的运动式、策略性治理模式的有效性也会降低政府的社会治理能力和治理权威。首先,在政府主导型人民调解中,地方政府社会治理能力的不足表现为调解工作经费保障不足、调解队伍不稳定、调解人员素质无法满足现实需求等问题。其次,在刚性维稳模式之下,政府主导型人民调解的低效能还表现为地方政府职能扩张与能力不足之间的矛盾。再次,在政府主导型人民调解中,由于调解者具有追求达成调解协议的压力,这一方面会加大在调解中实现公平之困难;另一方面,由于调解者的利益与纠纷是否得到解决息息相关,调解者并不能超然于纠纷之外,故政府主导型人民调解也不利于树立政府的治理权威。最后,政府主导型人民调解这一权宜性、策略性的纠纷解决机制,其所解决的问题可能远不如它所制造的问题深且广。这是因为政府主导型人民调解并不必然利于矛盾纠纷的快速解决，在调解中，为了尽快平息纠纷，政府以牺牲法治和政策底线让步和兜底，不但大大增加了化解社会矛盾的成本，而且还助长了民众的机会主义心理。政府主导型人民调解这种“非制度化”“去司法化”的纠纷解决方式，一方面由于其无法宣示规则和建构预期事实，无法将法律带进人际关系，并将人际张力引向规范；另一方面由于在许多矛盾纠纷的调处化解中良民受损、刁民获益，这不但导致机会主义诉讼和机会主义上访数量猛增，也成了社会风气迅速恶化、社会共识进一步瓦解的原因之一。

总之，社会治理需要一个敦促人们弃恶从善的激励机制，而法律应该是社会最为稳定持长的共识和最为有效的激励机制。虽然调解与法律的价值取向相异，但不能以牺牲法律的权威、扭曲法律的激励机制为代价，而我国当前的政府主导型人民调解的运行机制，却在维护法律权威、提升社会自组织能力等方面渐行渐远。这需要反思，更需要制度改良与结构优化。

第5章 人民调解制度的改革与完善

经验只能用来理解和解释事实,并不能必然证成价值。我国人民调解制度的形成和发展,都是自上而下推动的结果。在当前的社会急剧转型时期,人民调解制度在化解社会矛盾纠纷、缓和因体制引发的结构性冲突等方面,确实起到了一定的积极作用。但是,随着社会矛盾的尖锐化、矛盾纠纷的多发化和新型化,在民间规范的约束力软化、社会共识的权威下降甚至瓦解的社会条件下,人民调解制度的政府主导型运行模式遭遇到发展的瓶颈,并引发了一系列深层次的问题。从国家与社会的角度来看,政府作为一整套官僚体系,其构成和运行应具有一定内在价值和行为准则,国家与社会的关系也应是在不断冲突、协调与合作中实现的动态平衡。人民调解制度的立法取向是群众性和自治性的,但其运行却是行政化或半行政化的。这种正式权力的非正式运作,不但致使人民调解的性质混乱,也导致了政府主导型人民调解的合法性和正当性的缺失。在一个社会自组织能力低下的社会,一方面民众需要政府提供足够解决纠纷的途径以定纷止争和救济权利;另一方面,如果政府对社会进行强力控制,就会侵蚀社会体系独立发展的空间和内在动力,进一步削弱社会的自组织能力。因此,在人民调解制度的改革中,一个很重要的方面就是如何处理国家权力在人民调解制度的发展与运行中的位置与责任的问题。本章首先分析人民调解制度改革的现实基础,即城乡二元社会结构下人民调解的不同特点以及人们对纠纷解决的不同需求;第二节在比较法视野下考察有关国家和地区的调解制度的经验及其对我国人民调解制度改革的启示;在分析了人民调解制度改革的现实基础和域外经验与启示的基础上,第三节就人民调解制度的改革愿景及改革进路进行分析和探讨。

5.1 改革的现实基础:城乡二元社会结构下人民调解的发展与特点

由于经济发展、社会环境、文化传统以及人们的纠纷解决需求的不同,城市地区和乡村地区的人民调解制度的发展呈现出不同的特点，这也构成了我国人民调解制度改革和完善的现实基础。

5.1.1　城镇地区人民调解的特点

根据各种官方文献、其他研究者的研究成果以及笔者的调研资料，可以将目前人民调解制度在城市地区的发展特点归纳为如下几点：

第一，以社区调解为中心的网络化。在中国城镇地区，众多的设在居民委员会之下的人民调解委员会构成了人民调解组织网络的中心。居委会在运作中起着沟通基层政府与社区的作用。一方面，居委会的运行开支及其成员的工资都由政府提供；另一方面，居委会帮助基层政府实施政策，并将有关社会矛盾、计划生育等情况进行报告和反馈。根据《人民调解法》的有关规定，居民调解委员会的成员既可以是居委会成员，也可以由居委会任命。实践中，大多数居委会的主任或党支部书记负责治安委员会和人民调解委员会的工作，调解委员会也主要由居委会成员组成，有些人民调解委员会还会吸收一些“信息员”或“积极分子”作为调解员。在城镇地区，以居委会下设的人民调解委员会为中心的“垂直扩展”和“水平扩展”，构成了城镇地区调解组织网络的基本框架。在垂直方向上，通常建立三级到四级人民调解组织，由下至上分别是：楼道的信息员，居委调解委员会，街道调解委员会以及县一级的人民调解中心。在水平方向上，其扩展一方面是指在原先没有设立人民调解委员会的社区和街道设立调解委员会，另一方面是指创设新型调解组织，以容纳以往的社区、街道调解委员会无法解决的纠纷，譬如医疗纠纷调解委员会、劳动争议调解委员会、交通事故调解委员会、物业纠纷调解委员会等专业性、行业性调解委员会。

第二，组织形式及功能的多样化。在司法行政机关的推动下，新型调解组织不断发展，同时也得到了政府的财政资助和法院的支持，使人民调解制度与司法程序及其他制度形成有效衔接。在与法院的衔接方面，主要表现为建立在法院的“人民调解窗口”以及人民调解组织接受法院的委托调解、委派调解两个方面。同时，人民调解作为当前社会治理的重要一环，又被纳入到地方各级党政的矛盾排查、纠纷调处中心、信访统一处理等系统中。人民调解与行政机关、司法机关的合作产生了许多新型的调解组织，这些不同类型的调解组织在价值取向和调解功能方面各有侧重。与法院相结合的人民调解旨在为人们提供一种更为廉价的利用司法的纠纷解决途径，这种以利用司法、接近正义为指向的法院附设 ADR 类型，也正成为城镇地区人民调解发展的主流方向。而与行政机关合作的人民调解,如交通事故调解委员会、医疗纠纷调解委员会所主持的人民调解,其指向即为快速平息纠纷,恢复被破坏的社会秩序,因此这类调解组织的功能侧重于社会治理功能。总之,这些新型的调解组织满足了不同的解纷需求,其产生具有一定的有效性和合理性。但是,这些调解组织的权力背景突出,使得行政性纠纷解决程序与自治性纠纷解决程序的组织同形化,这就产生了两方面的后果:其一就是正式权力的非正式运作使得政府社会治理的合法性和权威性不断流失,其二就是人民调解的行政化也正在不断侵蚀着人民调解的群众性和自治性。

第三,人民调解的正规化和专业化。在国家中心主义文化观的影响下,城镇地区人民调解的发展也显示了对正式制度的偏好,以人民调解的正规化、程序化和专业化作为提高人民调解权威和效力的唯一出路。人民调解的正规化和专业化首先表现为调解程序的正规化,在一些地方性规则中甚至推行"庭式调解",刻意追求严格程序。其次表现为组织与人员的正规化和专业化。由于依法调解成为各方认同的正当性标准,因此,对调解员的法律水平、调解经验以及资质都有了一定的要求。"上海和北京的调解员,特别是参与法院、公安机关委托调解和司法行政机关组建的专门性调解的调解员,多为退休法官、退休警察、公务员、专家或律师,而学历、出国经历、社会地位等也成为调解员素质的社会评价标准。"①

5.1.2 农村地区人民调解的类型

在农村地区,各地人民调解组织的发展以及人民调解的特点,与当地的经济发展水平、社会利益分化状况以及人们对纠纷解决方式的选择直接相关,也与当地基层自治的完善程度、基层司法的状况以及基层政府社会治理的效果紧密联系,同时,当地的社会结构、文化传统以及社会秩序都是影响人民调解发展状况的深层次因素。在我国这样的一个幅员辽阔的国度里,农村地区的非均衡非常突出。根据学者们的研究,农村的纠纷调解机制大致有以下几种类型:②

1."无事件"的类型。"无事件"的类型是指纠纷发生的频次较低且容易得到解决的状况,这种类型通常发生在经济欠发达地区和少数民族地区。这些地区缺

① 范愉.多元化协商性纠纷解决机制研究[A].冀祥德主编.协商性纠纷解决机制比较研究[M].北京:中国民主法制出版社,2010:532.

② 董磊明.宋村的调解:巨变时代的权威与秩序[M].北京:法律出版社,2008:30.

乏社会分层,社会的同质性程度较高,社会内部比较和谐,重大的利益冲突不多。并且传统文化、风俗习惯、伦理道德规范的具有较强的约束力,当有矛盾纠纷发生的时候,邻里之间基本能自行解决,需要村组调解委员会成员出面解决的纠纷很少。2. 民间精英主导型。这种类型主要发生在传统文化资源和组织资源保存得比较好的地区,村庄纠纷的解决主要依靠民间权威,如宗族、老年人协会等,较少与乡村发生联系,也很少诉诸法庭。3. 民间精英与村庄体制精英联合主导型。这是民间精英和村组干部在纠纷解决中都发挥着重要作用的类型。这种类型主要出现在传统资源保存得较好,同时体制内权威也能发挥积极作用的地区。纠纷发生后,首先在户族层面解决,当户族层面解决不了时,村组干部出面解决,基本上能做到"小事不出组,大事不出村"。4. 村庄体制精英主导型。这种类型出现在传统资源的约束力软化,民间权威下降,同时体制性力量强大的地区,村庄纠纷主要靠村组干部解决,解决纠纷成为村组干部的主要工作之一。5. 公力救济主导型。这种类型主要出现在传统资源解体、行政力量较强的地区,这些地区的村庄开始走向工业化,村干部主要忙于招商、调整土地,无心也无力解决村庄内的纠纷,但国家法律和基层法律服务基本能满足村民们的解纷需求。6. 无救济型。这种类型通常出现在社会两极分化、地方共识解体、道德失范的地区,同时,政府和基层组织腐败、无能,在社会治理中不能有效发挥作用。当纠纷发生后,村庄内部无人出面解决,而公力救济也无能为力,同时当事人或因不信任政府和法院、或因打不起官司而不愿诉诸法庭,这时容易出现纠纷解决的暴力化,纠纷容易激化,群体性事件和上访频繁,且难以处理甚至出现社会秩序失控的局面。最后,需要指出的是,这六种关于农村纠纷调解机制的分类是研究者在比较研究中建构出来的理想类型,实践中每种类型的调解主体都不是单一的,只是各调解主体之间的排序和重要性不同而已。

与城镇地区的人民调解相比而言,农村地区人民调解的整体情况和发展呈现出一些不同的特点:第一,农村基层人民调解的发展状况与基层自治秩序息息相关。如果传统资源具有约束力,并且基层自治组织运作良好,就可以有效地发挥共同体的社会功能。这种情况下,基层自治组织起着沟通国家与农村社会、国家法律与民间规范的作用。这是人民调解在农村地区发展的理想状态。第二,村级以下调解一般规范性不强。由于大量琐碎的纠纷及其调解过程都是在日常生活中进行的,因此多数情况下无需形成书面的调解协议,也无需形成正式的记录或文档。同时,人民调解组织和人员构成一般也不过分强调法律职业化。第三,农村基层人民调解的运行状况,与当地的经济、社会和文化紧密相关。具体而言,如果政策和政府层面的问题不大,官民冲突相对较少,那么村级调解组织的解纷能力就较强,因为大多数民间纠纷还是比较单纯和容易解决;如果政策发生重大调整,或基层政府严重腐败及执法不公,就容易出现纠纷多发、复杂,且容易激化和难以处理的局面,这时村级调解组织的功能就会弱化。

5.1.3 城乡比较对于人民调解制度改革的启示

由上文分别对城乡地区人民调解的状况与特点的分析可知,两者作为国家治理的重要环节,都具有预防、排查、调处、化解矛盾纠纷以及维护社会秩序的功能。村居委在法律上的定位为自我管理、自我教育和自我服务的基层群众性自治组织,因此其下设的村(居)调解委员会在纠纷解决的实践中,在调解的方式、手段以及对社会规范的倚重等方面都具有一定的共同性。然后,另一方面,由于城乡的经济、文化以及社会结构等方面的差异,也使得城镇地区的人民调解和农村地区的人民调解之间存在一些不同之处,在调解组织网络发展的特点、调解组织与人员的正规化和专业化、调解程序的规范化等方面都具有不同程度的差异性。因此,在人民调解制度的改革与完善中,必须考虑城乡二元社会结构、城乡地区的纠纷类型以及人们的纠纷解决需求等方面的差异性,使人民调解制度在城乡地区分别采取不同的发展步骤与模式。

首先,城乡二元社会结构决定了人们之间关系的不同。农民因地缘、血缘关系聚村而居,村庄是在历史上形成的自然地域。即使是在当下的社会急剧转型期,传统的"熟人社会"渐渐向"半熟人"社会和"陌生人"社会转变,相较于城镇地区而言,农村地区仍具有一些熟人社会的特征。主要表现为:随着产业结构的改变和城镇化的推进,农村人口的流动性加强,但由一代代附着在土地上的农民组成的农村社会仍具有较高的同质性;代代相传的风俗习惯、伦理道德等传统规范的约束力虽然渐趋软化,但仍具有一定的影响力;农民之间的关系仍然比较密切,容易磕磕碰碰,但也帮扶守望,甚至生死相依。而城市的社区则仅仅是以居住地为基础的陌生人的组合。社区人员流动性强,居民身份构成复杂,价值观高度分化,难以形成地方共识,人们之间的联系相对松散。

其次,村委会与居委会的性质与功能不同。现代国家确认的行政村既是自然村落,也是一个经济实体。在村民大会的授权下,村民委员会拥有对经济组织、土地承包分配、社会管理等几乎所有公共事务的自治权限,并有权收取提留款、制定乡规民约等。村民自治,其中就包括纠纷的发生与解决,都与这种自治权限紧密相关。同时,村委会成员又是共同体成员,其人格魅力、地位身份等个人因素对纠纷的解决也起较大的作用。城市居委会的工作经费、居委会成员生活补贴费的范围、标准和来源,都由政府规定并拨付,因此居民委员会事实上相当于基层政府的派出机构,其自治作用和权限相对有限。由于城市居民相对缺少共同利益,难以通过多数决定形成共同意志与行为准则,居委会的运作通常脱离居民自治。

再次,城乡地区纠纷性质、类型的不同决定了调解方式和调解依据的不一样。在农村,村调解委员会经常面对的纠纷一般包括:婚姻家庭纠纷、邻里纠纷、债务纠纷、宅基地纠纷以及山林纠纷等。调解员的个人威望和能力,熟人社会的各种资源,包括人际关系、风俗习惯、传统道德规范等,都在纠纷解决中起着重要作用。调解过程中,从感化、说理、劝服、教训直至压服等方式都可能使用并行之有效。城市居委会出面调解的纠纷主要包括:家庭纠纷、邻里纠纷、物业纠纷以及部分消费纠纷和劳动争议等。相对农村地区而言,城市居民之间的联系松散,法律意识较强,而居委会的运作也更加非人格化,纠纷的调处和化解更加倚重国家法律和政策。

最后,城乡地区解纷需求的不同决定了人民调解发展模式的差异性。在农村地区,除涉及官员腐败和政策重大调整的案件以外,大多数纠纷能在村庄共同体中得以解决。在村委会调解不成的情况下,当事人则倾向于找政府(包括派出所和司法所等)以行政方式解决纠纷。只有在行政救济渠道不畅或无效的情况下,才会想到诉诸司法。因此,在农村地区,乡镇乃至区县一级政府和行政主管部门介入纠纷解决是必要的,同时也要注重与法院的衔接,在调解不成的情况下引导当事人寻求司法救济。同时,行政性纠纷解决程序应规范化,调解依据应以国家法律和政策为基准。在城镇地区,陌生人社会凝聚力相对薄弱,缺乏地方共识,居委会的组织功能和解纷功能相对较弱,居民间的民事纠纷更倾向于依靠法律和诉讼予以解决。即使当事人选择调解,也往往是基于对诉讼成本、效益以及判决预期等方面的考虑而进行的理性选择。因此,在城镇地区,具备一定的法律知识和政策水平的调解员更能适应城市居民的解纷需求;在社区调解不成的情况下,行政机关应尽量少介入民间纠纷的解决,应为当事人提供更为便捷的司法救济途径,通过法院行使裁判权以定纷止争。同时,当事人无论选择以何种方式解决纠纷,依法解决往往会成为当事人之间的共识,因此有律师参与的民事纠纷同样可能会以调解或和解的方式解决,由此可以认为在城市地区的纠纷解决中可以尝试市场化机制,由律师事务所及其他一些法律服务机构提供纠纷解决的有偿服务。

5.2 经验与借鉴:有关国家和地区的调解制度之考察

在科技进步和经济全球化的背景下,法律也出现了全球化的趋势。各国的法律理念、法律制度逐渐融合和趋同,国际层面的统一立法也进一步拓展。调解作为一种自人类社会产生伊始就存在的纠纷解决方式,在近代世界全球化之前,也是在相对封闭的环境下发展着,并烙下了各自的文化特色。但是,自 20 世纪 70 年代以来,调解制度就已经开始了跨文化、跨国家的传播与交流,对调解制度的移植、输入蔚然成风。各国也认识到,调解制度是可以在全世界范围内通用的一种纠纷解决方式,也是一种缓解法律资源匮乏和司法危机的有效方法,因此,各国在纠纷解决的目标设定和程序设计方面彼此借鉴,任何一个国家的调解体制都无法坚守绝对的本土化。同样,在社会转型和全球化的背景之下,中国在输出自己的调解经验的同时,也有必要借鉴世界现代调解经验,完成中国调解制度由传统向现代的转型。下文拟对我国台湾地区、英美法系的美国、大陆法系的法国的调解制度进行介绍,以期为我国包括人民调解制度在内的多元化纠纷解决机制的改革和完善提供经验与借鉴。

5.2.1 台湾地区的调解

台湾是中国的一部分,与大陆地区同宗同源。台湾地区的民事调解除法院调解以外,还包括社会团体调解、行政调解(调处)和仲裁调解。台湾地区关于调解的立法十分详细,涉及调解的法律规范繁多,基本形成了以《民事诉讼法》《乡镇市调解条例》为基础,以专业性、行业性调解规则为补充的调解规则体系,调解的规范化程度很高。由于我国的人民调解为政府主导型人民调解,行政机关的介入比较常见,因此本节除了介绍台湾地区的社会团体调解以外,还对行政机关支持和提供的乡镇市调解进行重点介绍。

1. 社会团体调解

台湾地区社会团体调解的调解主体为依法可以进行调解的法人团体,包括消费者保护团体、工人组织之工会、商人组织之商业团体、农人组织之农会、工业界组织之工业团体、渔民组织之渔会等。调解范围包括会员间或同业间的私权纠纷。如根据《工会法》,工会的任务包括劳动争议之处理以及工会或会员纠纷事件之调处;又如根据《消费者保护法》,消费者保护团体有接受消费者申诉、调解消费争议的任务。在调解效力方面，若当事人之间的纠纷经调处解决，其效力仅有私人和解契约之效力而已。如果当事人不依调处内容履行义务，对方当事人无法据以请求法院强制执行。①

2. 乡镇市调解

台湾地区的地方政府体系分为省、县、乡镇三级。② 各行政机关基于管理需要，并为减少诉讼，常在行政机关内设置ADR，以处理其职权范围之内的争议。台湾地区的行政ADR种类繁多，效果也不尽相同。以行为性质和调处效力为标准，行政ADR可分为具有行政处分性质的ADR机制和不具有行政处分性质的ADR机制：针对私权争议具有行政处分性质的行政调处，原则上具有协助当事人以协议的方式和平解决私权争议，及就该争议裁决其应有之实体关系等两种机能。行政调处主要以第二种机能为主，如调处不成，通常均由主管机关径为决定或报请上级主管机关裁决。不具有行政处分性质的行政调处，对于私权争议的处理，必须基于双方当事人的合意才能成立。调解成立并经法院核定者，原则上与民事判决具有相同效力。③

行政调解是指行政机关对其职权运作中涉及的民事纠纷所进行的调解，从性质而言，属于不具有行政处分性质的ADR机制。台湾地区行政调解种类繁多，除具有一般综合性的乡镇市调解以外，还有劳资纠纷调解、耕地租佃纠纷调解、消费争议调解、不动产纠纷调解、公害纠纷调解、著作权纠纷调解等特别行政调解制度。下文拟对具有一般综合性的乡镇市调解进行介绍。

乡镇市调解是乡、镇、市公所所设调解委员会运作的调解，其主要法律依据是《乡镇市调解条例》。根据《乡镇市调解条例》，乡、镇、市公所应设调解委员会。目前台湾地区除金门县乌邱乡因人口过少未设定调解委员会外，其余均设置有调解委员会。调解委员会由委员7－15人组成，并互选1人为主席。乡、镇、市行政区域辽阔、人口众多或事务繁多者，其委员名额得由县政府酌情增加，但最多不得超过25人。调解委员由乡、镇、市长遴选辖区内具有法律或其他专业及信望素孚之

---

① 占锦. 两岸调解制度之比较[N]. 人民法院报，2002－3－20.

② 台湾地区"行政院"直辖市（台北市、新北市、台中市、台南市及高雄市5个）与省列入同一级，省辖市（基隆市、新竹市、嘉义市3个）与县列入同一级，县辖市与乡、镇列入同一级。直辖市与市下设区，区、乡（镇、县辖市）下设里，里下设邻。刘儒升. 两岸城市基础组织体制比较研究——以居民委员会与里为例[D]. 花莲：台湾东华大学硕士学位论文，2009：56－57.

③ 黄明阳. 行政调解机制之比较——以消费争议调解为中心[M]. 台北：秀威信息科技股份有限公司，2008：6－9.

公正人士,提出加倍人数后,并将其姓名、学历及经历等资料,分别函请管辖地方法院或其分院及地方法院或其分院检察署共同审查,遴选符合资格之规定名额,报县政府备查后聘任之,任期4年。连任续聘时亦同。调解委员中妇女不得少于1/4。

乡镇市调解的案件范围包括民事案件以及告诉乃论之刑事案件。案件来源包括:一是当事人申请调解的案件,即当事人以口头或书面方式向调解委员会申请调解的案件;二是法院裁定移付调解的案件,即法院裁定将法定调解前置案件和适宜调解的其他民事、刑事附带民事案件移交至调解委员会进行调解的案件。

乡镇市调解的主要程序是:当调解委员会收到当事人申请、法院移付或其他单位转介的案件后,首先确定调解日期,并通知相关人员到乡镇市公所或其他适宜场所进行调解。除当事人另有约定,调解一律不公开进行。调解成功的,制作调解书并报乡镇市公所,由乡镇市公所将调解书及卷宗送法院审核;调解不成的,可由调解委员会制作调解不成的证明书。

调解的效力通过司法审核决定,是台湾地区处理调解效力的基本模式,乡镇市调解也不例外。《乡镇市调解条例》第26条规定了乡、镇、市公所将调解书送请移付法院审核的有关程序。[①] 该法第27条规定:"调解经法院核定后,当事人就该事件不得再行起诉、告诉或自诉。经法院核定之民事调解,与民事确定判决有同一之效力;经法院核定之刑事调解,以给付金钱或其他代替物或有价证券之一定数量为标的者,其调解书得为执行名义。"该法第28条规定了调解成立并经法院核定后所产生的程序法上的效果:"对于先前已系属于法院民事事件,视为诉讼终结,原告有权向法院申请退还所缴裁判费的2/3;对于刑事自诉案件,视为撤回告诉或自诉。"[②]调解成立后,但经法院核定后有无效或得撤销之原因者,该法第29条规定了不同来源之案件后续程序的差别:"对于当事人申请调解的案件,当事人得向原核定法院提起宣告调解无效或撤销调解之诉;对于法院移付调解的案件,当事人得

---

① 《乡镇市调解条例》第26条规定:"乡、镇、市公所应于调解成立之日起十日内,将调解书及卷证送请移付或管辖之法院审核。前项调解书,法院应尽速审核,认其应予核定者,应由法官签名并盖法院印信,除抽存一份外,并调解事件卷证发还乡、镇、市公所送达当事人。法院移付调解者,乡、镇、市公所应将送达证书复印件函送移付之法院。法院因调解内容抵触法令、违背公共秩序或善良风俗或不能强制执行而未予核定者,应将其理由通知乡、镇、市公所。法院移付调解者,并应续行诉讼程序。调解文书之送达,准用民事诉讼法关于送达之规定。"

② 《乡镇市调解条例》第28条规定:"民事事件已系属于法院,在判决确定前,调解成立,并经法院核定者,诉讼终结。原告得于送达法院核定调解书之日起三个月内,向法院申请退还已缴裁判费三分之二。告诉乃论之刑事事件于侦查中或第一审法院辩论终结前,调解成立,并于调解书上记载当事人同意撤回意旨,经法院核定者,视为于调解成立时撤回告诉或自诉。"

请求继续进行诉讼程序。"①这种后续程序的差别是因为法院移付调解的案件本已系属于法院,调解只是诉讼程序的中止,因此调解无效后,当事人可续行诉讼程序。

除上述内容以外,《乡镇市调解条例》还规定了调解的管辖、调解日期的确定、调解委员的回避、协同调解和参加调解、调解的不公开原则和当事人参与原则、调解费用等问题。总之,《乡镇市调解条例》是调解的组织法与程序法的有机结合,也注意到与诉讼程序的有机衔接。其立法精细,程序合理,并为台湾地区很多其他调解规范准用。

5.2.2 美国的调解

在美国,调解发轫于20世纪初期劳工纠纷的解决,经过20世纪中叶的蓬勃发展后,已扩展至社区纠纷和民商事纠纷的调解,并在20世纪80年代以后得以制度化。② 1976年4月在明尼苏达州圣保罗召开的庞德会议(Pound Conference),第一次以集体的形式对调解给予了广泛的关注,被认为是正式发起了现代调解运动。③庞德会议之后,调解迅速扩张至美国的各个领域,法院附设调解、社区调解、专业调解都一同获得了长足的发展。④

美国国会1990年通过的《民事司法改革法》(Civil Justice Reform Act, CJRA)以及1998年的《ADR法》(Alternative Dispute Resolution Act)明确要求每个法院都要关注调解。在美国法院调解的发展中,法院实际上起到了推广调解的作用。法院推广调解的主要方式是要求和强制当事人参与调解,另一种方式则是鼓励当事人自愿参与调解。在许多州,最早在诉讼中运用调解的案件是家庭案件,但家庭暴力案件不适用调解,除非征得受害人的明确同意。

1990年国会还通过了《通过商谈制订程序规则法》(the Negotiated Rulemaking

① 《乡镇市调解条例》第29条:"因当事人申请而成立之民事调解,经法院核定后有无效或得撤销之原因者,当事人得向原核定法院提起宣告调解无效或撤销调解之诉。法院移付而成立之民事调解,经核定后,有无效或得撤销之原因者,当事人得请求续行诉讼程序。"

② Jerome T. Barrett, Joseph P. Barrett. A history of alternative dispute resolution: the story of a political, culture, and social movement [M]. San Francisco: Jossey-Bass, A Wiley Imprint, 2004. pp. 111-208.

③ 在庞德会议上,弗兰克·桑德教授第一次宣布了他的下述观点,以多扇门法院作为解决民众对法院体制不满的方法。A. Levin&R. Wheeler 主编. 庞德会议:司法的未来图景[M]. 明尼苏达州圣保罗:西方集团出版社,1979. 转引自[澳]娜嘉·亚历山大(Alexander, N.)著. 全球调解趋势[M]. 王福华译. 北京:中国法制出版社,2011:363.

④ [澳]娜嘉·亚历山大(Alexander, N.)著. 全球调解趋势[M]. 王福华译. 北京:中国法制出版社,2011:364-416.

Procedure Act）以及《行政纠纷解决法》（Administrative Dispute Resolution Act, ADRA），旨在推广调解在其他领域的运用。为鼓励 ADR 的运用，《行政纠纷解决法》要求美国政府的每一个部门都要有一位高级官员负责 ADR，ADR 的运作程序应当受到审查。该法也规定了程序保密原则以及担任中立调解员的资格等内容。同时，州和地方政府也在大力推动调解在公共政策领域的运用。

在社区调解方面，全国社区调解协会（National Association or Community Mediation, NAFCM）作为一个全国性组织，其主要扮演调解者角色，同时也推动社区调解的发展。在过去三十多年间，社区纠纷解决中心获得了长足发展，社区纠纷解决中心已经由 1976 年的不足十个扩展到现在的几百个，其中许多中心开始涉足严重案件的处理。社区调解的发展所取得的成功导致了 ADR 在许多法院系统的发展，同时，社区调解中心在增进公众理解和使用调解方面也发挥了极大的作用。除了免费提供调解服务或只收取极少的费用以外，这些社区调解中心还在发挥教育功能方面扮演着重要角色。

在调解的商业化和调解员的职业化方面，美国也走在前列。20 世纪 80 年代中期，从事私人职业的调解员非常少见。社区调解中心虽然也会雇佣少量全职调解员，但绝大多数的调解员都是志愿者；一些提供调解服务的政府组织也都是雇佣调解员从事调解。最初有少量个人在从事离婚调解服务外，不存在其他私营的调解服务。但随着案件类型的多样化，调解员开始认识到进行商业调解的可能性，于是形势发生了变化。此外，最初以培训志愿者为主的调解培训项目开始向有意向从事私人调解职业的个人提供一般性课程，结果这个项目培养了大批个人调解员。后来这些关注商业机会的个人调解员就被服务提供者组织联合起来，这些组织包括 JAMS 和纠纷管理公司（Endispute and Conflict Management Inc.）。此外，美国仲裁协会（AAA）也将调解作为仲裁的替代性机制予以提供。

总之，在美国，从法院到政府，从个人到组织，从社区到商业，大大小小、形态各异的调解组织或个人在提供着调解服务。同时，调解的适用领域也极为广泛，除了传统的家庭案件和雇佣案件以外，在刑事案件、集团诉讼、环境和公共政策案件、国际案件与文化案件、卫生保健案件等案件中都可以进行调解。此外，随着贸易和消费者进入网络空间，在线纠纷解决也可以适用调解。

从调解方式而言，美国调解中调解员的作用可以简便地用一个代表介入强度范围的连续区（continuum）来描述：事实上的消极被动→主持者→宣告者→敦促者→领导者。这些词语并非是对调解员作用的类型化，而是表示了调解员在调解中所起作用的一个渐进过程。消极被动的调解员只起一个“在场”的作用，但正是由于调解员的在场,才可以鼓励当事人进行更为积极的沟通和互动,激励当事人继续或者恢复信息交换。起"主持者"作用的调解员,除了仅仅在场所可能带来的影响力之外,还要维持秩序和推进调解程序,帮助当事人避免沟通及运作崩溃的危险。如果调解员在协商中充当一名争点规则和标准的"宣告者",他在调解中就会强调和解释一般性的原则和标准,或者提醒当事人某一特殊背景(情形),以及该背景下当事人应共同遵守的特殊规则和标准,以明确通往和解的基础。起"敦促者"作用的调解员会发挥更加积极的作用,他会试图明确信息和解释,促进当事人之间的合作。当然,调解员只起敦促作用,他的建议依然是尝试性的,而非试图控制协商。起"领导者"作用的调解员则会在调解中或多或少地直接加入他自己的意见和劝告,并对来自于各方当事人的信息、优先选择以及要求进行评价,甚至会提出或认可有关一项争点的协议基础,或者是提议进行一揽子交易。①

如果按调解员的介入范围将调解模式类型化,一般可分为促进协商型(facilitative)介入和专家评估型(evaluative)介入。在第一种模型下,介入者的主要作用是:在当事人间建立联系;保证争点的确定与交流;负责选择的确定及评价;鼓励任何必要的立场改变;帮助明确任何后续的协议。在第二种模型下,介入者的主要作用是:与各方当事人建立联系;获得有关争议性质的信息;为获得诊断而进行上述信息的评价;在专业知识的基础上提供建议;努力说服当事人接受这一解决方式。这两种模型只是对调解员的作用进行抽象化划分,在实践中调解员的这些介入方式都是交叉的。②

5.2.3 法国的调解

20世纪80年代中期,调解由北美引入法国。法国调解的发展主要经历了三个阶段:第一个阶段为20世纪80年代中期,调解主要被应用于刑事调解、家庭调解和社区调解;第二个阶段为20世纪90年代,随着调解的法律化和制度化,调解员试图努力获得职业认证;第三个阶段为20世纪末到21世纪初,调解呈现出多元

---

① Gulliver PH: Dispute and Negotiation: A Cross - Cultural Perspective [M]. New York and London: Academic Press , 1979. pp. 200 - 225.

② Simmel G: The Sociology of Georg Simmel[M]. edited by K Wolff Illinois: Free Press, 1950. (originally 1908). pp. 138 - 152.

化和欧洲一体化的特征。①

与其他国家和地区的调解制度一样,法国的调解也分为诉讼调解和非诉讼调解。法国《民事诉讼法》第 21 条规定:“调解(conciliation)是法官的基本职能之一。”在诉讼程序中,法官在征得当事人同意的情形下,可以委托民间调解员进行调解,寻求解决方案。法官可以将案件指定给某个自然人调解,也可以委托给某个调解协会,协会将负责提供适应调解任务的人员名单。在调解过程中,法官始终保持着随时介入的权力,并可以采取他认为必要的措施。调解员在完成任务的过程中,在遇到困难时可以向法官寻求帮助。调解程序的终止方式包括:(1)当事人双方达成了调解协议;(2)法官依职权主动终止调解;(3)法官依当事人或调解员的申请而终止调解程序。在民事调解中,调解员的报酬由当事人支付。②

法国的调解涉及领域广泛,鉴于文章内容安排的需要,下文仅对家庭调解和社区调解进行简略介绍。③

家庭调解是法国重要的调解领域之一。虽然利用这种纠纷解决机制的人数并不多,但是它的运行机制还是行之有效的。家庭调解涉及的领域具体包括婚姻、监护、探视权以及财产分配等案件。在法国,全国家庭援助中心是从事家庭调解的主要机构之一,其他的机构还包括了全国家庭联盟协会、社会诉讼社区中心、婴儿福利中心及办事处等。2001 年,法国已有 200 多个提供家庭调解的机构,另外还有 50 个独立的家庭调解员。这些机构除提供调解服务以外,还提供咨询、辅导和福利工作等。法国政府对从事家庭调解的机构提供了大量的资金支持,以保证家庭调解的机构在运作时免受资金上的掣肘,同时,提供的资金还会被用于设立关于家庭调解的国家文凭。在法国,要得到家庭调解的国家文凭,必须具备共计 80 个工作日(560 课时)、两年多工作经验并在全法国若干大学或其他机构参加课堂学习的经历,学习内容主要包括法律、心理学和社会学等课程。

社区调解又被称为邻里调解、市民调解或社会调解,包括了由调解协会、个人以及参与实施城市政策的机构所开展的广泛的调解。社区调解与其他调解形式的区别主要体现在以下几个方面:其一,社区调解除了具有解决纠纷的功能以外,其主要目的还在于恢复社会凝聚力,或寻求一种有效的沟通方式,以保持社会的顺利

① [澳]娜嘉·亚历山大(Alexander, N.)著. 全球调解趋势[M]. 王福华译. 北京:中国法制出版社,2011:169.

② 徐昕. 调解:中国与世界[M]. 北京:中国政法大学出版社,2013:210-213.

③ [澳]娜嘉·亚历山大(Alexander, N.)著. 全球调解趋势[M]. 王福华译. 北京:中国法制出版社,2011:187-206.

运转。其二,涉及的人群主要是那些被边缘化的群体,譬如,那些来自伊斯兰的团体,或者处于困境中的家庭。对涉及这些群体的纠纷进行调解,旨在确保少数群体不被排除在法国主流社会之外。其三,邻里关系往往由社区或种族团体调解。

5.2.4　经验与启示

1. 调解的社会化

民间社会力量参与调解是现今调解发展的世界潮流。台湾地区的社会团体调解制度较为发达,可以为我国人民调解制度的完善所借鉴。我国2011开始实施的《人民调解法》带有明显的法典编撰的性质,并没有解决我国人民调解动力不足、功能弱化的问题。而实践中人民调解的行政化运行模式,不但导致了实践与立法的背离,以及人民调解性质与功能的混乱,还引发了一系列深层次的问题,如法律权威的失落、政府合法性的流失以及社会自治秩序的难以形成等。基于民主自治和私权的可处分性,调解作为一种社会服务,社会力量应该有权参与其中,而立法机关和行政机关要做的就是如何规范社会调解,而非压制社会调解的发展。总之,我国也应该要鼓励调解的社会化乃至市场化,有步骤地发展行业性、专业性的民间纠纷调解机构,由此促进纠纷的和平与理性解决,营造理性协商、沟通、妥协、合作的社会氛围与私法秩序。

2. 行政调解的制度化和规范化

在台湾地区,凡是行政权作用的领域,都提供调解服务。行政机构支持或提供的调解,是台湾地区调解制度的重要特色。而我国大陆地区的行政调解严重滞后,行政权的民事纠纷解决职能严重退化。为了应对社会现实的解纷需求以及维护社会稳定,行政机关以人民调解的形式解决民事纠纷,以期获得《人民调解法》赋予调解协议的法律效力,同时也成功规避了行政权行使的规范化和制度化。这种正式权力的非正式运作的策略主义逻辑,虽然表面上解决了一些纠纷和问题,但并没有解决深层次的问题,相反地还引发了一系列的问题。从某种程度上而言,政府主导型人民调解所解决的问题远远不如其所带来的问题之多。规范化是行政权的合法性保障,因此,在我国大陆地区,应将行政机关主持或提供的调解与群众性自治组织主持的调解界分开来,在保障行政机关的民事纠纷解决职能的同时,强化行政调解的程序性和规范性。

3. 调解员的职业化

美国和法国都存在调解职业,存在关于调解员的任职资格要求、职业规范、职业伦理以及调解执业的收费标准。所谓职业,就是指受过专门教育或训练的、长期从事具有专门业务和特定职责的行业的角色群体。① 职业与一般行业相区别,是一个特殊的独立自治的社会群体或阶层。② 从一般意义上而言,职业是现代社会分工日益专业化的结果,也指个人在社会中所从事的作为主要生活来源的工作。在我国,调解远没有形成一个职业群体,大部分调解员是兼职调解员,同时,人民调解也不收费。但是,在现代商品经济条件下,随着人际关系的陌生化、理性化,热心于公益事业和爱"管闲事"的人越来越少,同时,经济的发展也使人们从事调解工作所花费的机会成本大幅增加。如果调解员不能从自己所提供的服务中获得一定的报酬以维持生存和发展,调解员必将存在发展动力不足的问题。此外随着现代纠纷的新型化,从事调解工作的人员必须具备一定的专业知识和职业素养,而这些知识和素养的获得也都是需要教育或训练成本的。因此,在某些领域中,调解的职业化和市场化应是我国民间调解发展的内在要求。

5.3 改革愿景与进路:从人民调解迈向社会调解

5.3.1 社会调解的界定及人民调解制度改革的路径选择

所谓社会调解,就是由社会力量主持的调解。这里的"社会力量"是指除了基层群众性自治组织以外,还包括工会、妇联等群众团体,行业协会、民办非企业单位等社会调解机构,律师以及律师事务所等。与我国现有的人民调解相比,社会调解具有以下特点:

第一,在调解组织方面,《人民调解法》规定了人民调解的组织形式包括村、居委下设的人民调解委员会,企业、事业单位根据需要设立的人民调解委员会,同时又在附则中规定了乡镇、街道以及社会团体或者其他组织根据需要可以参照本法有关规定设立人民调解委员会;在实践中,政府部门主持的调解工作也以人民调解的形式运作。而社会调解组织除了基层群众性自治组织以外,还包括群众团体、社会组织、律师和律师事务所以及其他一些社会调解机构等。由此可见,从调解组织的范围而言,人民调解与社会调解的调解组织范围不同,但又具有交叉、重叠关系。

---

① 马建华.法官职业化研究[M].北京:人民法院出版社,2004:1.

② 梁永逊.法官职业化研究[D].保定:河北大学硕士学位论文,2011.

如图 5－1 所示，1、2 部分表示我国现行人民调解的组织范围，2、3 部分表示社会调解的组织范围。与人民调解组织的“官方性”和“半官方性”相较而言，社会调解组织具有多元化和民间化的特点。

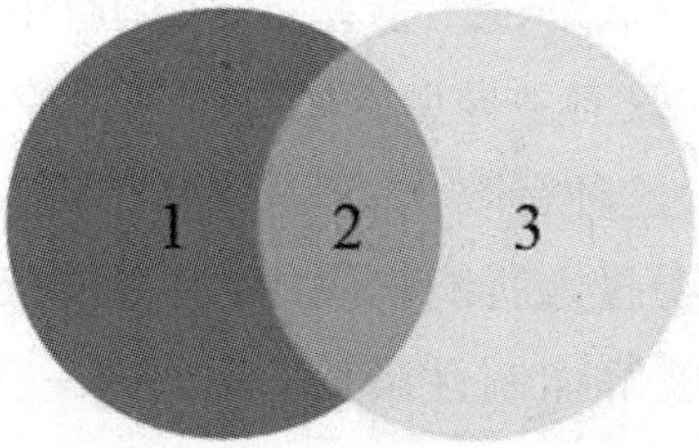

1　参与、主持人民调解工作的政府部门及其工作人员

2　群众性自治组织、群众团体、社会团体

3　律师、律师事务所、其他社会调解力量

图 5–1　人民调解与社会调解的调解组织范围示意图

第二，从调解机制的生成逻辑来看，人民调解是一种自上而下的外生型调解，而社会调解则是一种自下而上的内生型调解。在我国传统帝国时代，民间调解资源丰富，同时，基层社会依靠权力的文化网络而联结为有机的整体。但随着战乱、运动以及革命、建设等基层权力结构的改造与重组，权力的组织网络摧毁和取代了权力的文化网络，民间调解资源遭受了严重破坏，民间调解所依靠的长老权威、道德权威等传统的权威结构被摧毁。作为替代传统民间调解的人民调解，从一产生就是基层政权组织建设的一部分，是具有动员、改造、整合和控制社会功能的纠纷解决机制。而社会调解组织的产生则具有自发性，社会调解是依靠民间力量和民间自治性权威，实现社会自治的纠纷解决机制。

第三，从调解的性质而言，我国当前的人民调解是政府主导型人民调解，而社会调解则属于民间自治型调解。虽然我国立法规定人民调解具有群众性和自治性，但其运作却是行政化和半行政化的。而社会调解则是“脱行政化”的，是一种依靠民间调解资源的纠纷解决机制，其运行具有自愿性、自发性和自治性的特点。

在我国人民调解制度的改革中，要解决的根本性问题之一就是人民调解制度的面向选择问题。换言之，就是在国家与社会的框架之下，国家权力在人民调解制度的发展与完善中应该处于何种位置以及应该承担何种责任的问题。因为这一问题不但有关人民调解制度的合理性与正当性，也有关人民调解制度的社会认同、功能发挥及其常规化与长效化的问题。在人民调解制度的改革与完善中,有三种模式或路径可供选择:第一种为强化当前的政府主导型人民调解,通过加大资源投入的方式以维系其运行;第二种为类似于西方国家的社会化以及职业化调解;第三种为政府吸纳社会力量参与人民调解,以“稀释”人民调解中的行政化色彩。

如上文所述,我国当前的政府主导型人民调解是管控型思维模式、组织化调控模式在纠纷解决领域的延续,这种行政化的运行模式带来了一系列的问题,其所面临的困境也绝非依靠加大资源投入所能解决的,因为仅依靠资源填充而没有内部结构性要素的优化,并不能破解体制性障碍。因此第一种模式已被证明不具可行性。

“改革开放30年来中国治理变革的主要方向,是从一元治理到多元治理、从集权到分权、从人治到法治、从管制政府到服务政府”①,在纠纷解决领域,国家权力的收缩是大势所趋。此外,随着市场经济的发展,在全球化的冲击下,可以预见,第二种模式即民间调解的社会化和职业化是我国人民调解制度发展的方向。但是,“历史有渐无顿,无骤变之迹、更无骤变之理。在时间的连续中悄悄然无声小变、渐变,是历史的定力和常规。看似翻江倒海的事变,颇迷人眼球,潜在的规则却会在事后偷偷复活;人为设计的突变,历史的力量会把它拖回应处的位置。”②因此,在当前我国社会自组织能力低下且社会矛盾尖锐、纠纷多发的背景之下,国家权力的大幅度退场可能带来的结果将是无法想象的。

第三种模式广泛存在于实践中各地的改革探索之中,如医疗纠纷调解中心、通过政府购买服务而存在的一些个人调解中心等。产生这类机构的动力机制在于政府的职能转变,政府通过对各类社会精英的吸纳和雇佣,以培育社会的自治能力,引导社会发育。这类机构从性质上而言,具有“半官半民”的特点,其运行也并未完全“脱行政化”,具有一种“准社会化”的特点。这些“半官半民”的民间机构在我国社会转型期成为沟通国家与社会的桥梁,在化解社会矛盾、提高社会自治能力等方面发挥着重要的作用。但是,与政府主导型人民调解模式一样,这种“准社会化”的调解模式由于其内在的结构性制约因素而不能成为一种普适性和长效性机制,只能成为人民调解迈向社会调解的一种可选择的改革路径。

因此,笔者认为,我国人民调解制度的改革愿景为从人民调解迈向社会调解,即在完善村、居委人民调解组织,保障人民调解的群众性和自治性的同时,加强乡

① 俞可平. 中国治理变迁30年(1978-2008)[J]. 吉林大学社会科学学报,2008(3).

② 陈江. 明代中后期的江南社会与社会生活[M]. 上海:上海社会科学院出版社,2006:9.

镇、街道人民调解的规范化和制度化建设，转变政府职能，在纠纷解决领域让渡纠纷解决权力，发展和培育多层次、多元化的民间调解组织，实现人民调解的社会化。与当前的政府主导型人民调解相较而言，社会调解具有“脱行政化”的特点，是一种真正的民间调解，是在社会与国家合作基础上的自治型调解。由人民调解迈向社会调解的过程也是国家权力回归社会的过程，是探索现代社会治理的有机组成部分，其可能的路径包括：科学定位调解功能；培育多层次、多元化的民间调解组织；调解人员的结构合理化；使调解程序和手段遵循纠纷解决的客观规律等。

5.3.2　弱化政治功能，强化解纷功能

人民调解从其萌芽到制度上的确立及其发展，实际承载着多种功能。范愉认为，在人民调解制度及其实践中存在着三种不可分割的功能，他们是社会治理和政治功能，传承文化、道德和社会组织功能，纠纷解决功能。[①] 其中的文化传承功能是纠纷解决产生的客观结果，是在日积月累的纠纷解决中潜移默化的的民间文化。对于调解的政治功能和纠纷解决功能，则会因为制度设计者和制度运用者的不同侧重而呈现不同的样态，因此，针对人民调解制度的改革，本书也仅分析人民调解的政治功能与纠纷解决功能的关系。

要科学定位人民调解的功能，则首先得确定在政治功能和纠纷解决功能中，何者为人民调解最基本的功能。笔者认为，人民调解制度的价值取向是实用主义与工具主义的，调解程序和手段以结果为导向，具有灵活性和便宜性。人民调解制度的生命力在于能有效、妥当地解决纠纷，其社会治理和民主自治的政治功能只能依附于纠纷解决功能。换言之，人民调解制度解决纠纷的有效性决定了其社会治理和民主自治的有效性。因此，纠纷解决是人民调解制度的最基本的功能。

纠纷解决是人民调解最基本和最重要的功能，政治功能不但依附于纠纷解决功能，而且深刻地存在于纠纷解决过程之外。在毛泽东时代，除了纠纷解决功能以外，人民调解制度还承载着思想改造、社会动员和社会控制的政治功能。在我国当前的政府主导型人民调解中，人民调解委员会通过正式权力的非正式运作，使人民调解制度在预防和解决纠纷中具备特殊的优势。在社会转型期，由于社会矛盾尖锐，纠纷多发且易激化，出现了大量的群体性事件，再加上在“不稳定幻象”的影响

---

① 范愉.社会转型中的人民调解制度——以上海市长宁区人民调解组织改革的经验为视点[J].中国司法,2004(10).

下,维护社会秩序和社会稳定就成了地方各级党委政府的重要政治任务。由于人民调解的灵活性、开放性等特有优势,人民调解理所当然地被赋予了“维稳”任务。因此我国当前的人民调解除具有解决纠纷和缓解诉讼压力的解纷功能以外,还具有“维稳”的政治功能。

事实上,人民调解制度通过化解矛盾纠纷,必然具有维护社会稳定的功能。由于其“维稳”功能,人民调解又赢得了地方党委政府的关注和支持,而这种关注和支持又极大地推动了人民调解制度的复兴和改革,推动了人民调解制度纠纷解决能力的提升。这可以理解为人民调解的纠纷解决功能与“维稳”政治功能的良性互动。①

但是,如果过于强调人民调解的“维稳”功能,为了尽快解决纠纷,恢复社会秩序和维护社会稳定,以结果为导向、不计成本、不择手段的“调解”则会带来一系列的后果:第一,会导致以“规则”为生命力的司法权威和政府权威的流失;第二,这种行政化、政治化的纠纷解决手段,往往会因为追求“稳定”的政治效果而忽视纠纷双方具体争议的解决,从而导致对纠纷的压制,并容易使纠纷升级和恶化;第三,由于调解者有着平息纠纷的政治压力,纠纷当事人就有了和调解者讨价还价的筹码,于是政府的强力压制或者无原则的“兜底”都可能成为赖以平息纠纷的手段。这样就会破坏纠纷解决过程中理性、平和、对话和妥协的氛围,“会哭的孩子有奶吃”的纠纷解决准则,对社会风气和社会秩序也都会造成根本性的侵蚀。

总之,过于强调人民调解“维稳”的政治功能,就会使矛盾纠纷的调处和化解偏离调解的本质和价值所在,即偏离纠纷解决的自愿性和自治性。因为“维稳调解”所解决的问题往往不及其所带来的问题之多和严重,因此过于强调人民调解的政治功能,就会架空人民调解的纠纷解决功能,并且使人民调解制度失去发展的内在动力从而走向衰落。综上,在我国人民调解制度的改革中,要淡化政治功能,强化纠纷解决功能,尊重纠纷解决的客观规律,使人民调解回归其本原,这样才会发挥调解的特有优势。

5.3.3 培育多层次、多元化的民间调解组织

我国现阶段的民间调解组织除基层群众性自治组织以外,工作实践中主要还

---

① 曾旻.当前人民调解制度功能的科学定位[EB/OL].ttp://www.chinalawedu.com/new/16900_23301/2009_8_12_ma7049731121890022313.shtml.访问日期:2015-02-25.

包括：工会、妇联等群众团体；行业协会等社会组织；社会调解机构；律师、律师事务所等。[①] 一直以来，工会、妇联等群众团体和行业协会等社会组织就是参与人民调解工作的重要力量。随着社会的发展和解纷需求的变化，行业性、专业性调解组织、社会调解机构以及律师和律师事务所都是参与人民调解工作的新兴的社会力量。

近年来，随着社会经济的发展，道路交通、医疗卫生、知识产权、环境保护、劳动争议等领域矛盾纠纷多发，并且这些纠纷往往情况复杂、专业性强，已超出了传统的家庭、邻里、债务等民间纠纷的范畴。2011 年，司法部制定《关于加强行业性、专业性人民调解委员会建设的意见》，并与公安部、卫生部等协调配合，在道路交通、医疗卫生纠纷调解方面开展实践探索，取得了明显成效。2013 年，全国共建行业性、专业性调解组织近 3.2 万个，调解矛盾纠纷 98.6 万件[②]，有效地化解了特定行业和专业领域的矛盾纠纷，促进了社会和谐。这些行业性、专业性调解组织通常是有关行政职能部门与司法行政机关通过协调配合在相关领域建立的。调解人员通过推选、聘任产生，通常是具有较强相关专业知识和政策水平、熟悉相关领域法律法规、热心调解事业、具备一定调解技巧的人员。这些人员是由国家通过"吸纳"的方式参与到人民调解工作中来的，具有志愿服务的性质。

在总结实践经验的基础上，为深入贯彻落实党的十八大和十八届三中、四中、五中全会精神，及时有效地预防化解行业、专业领域矛盾纠纷，充分发挥人民调解在矛盾纠纷多元化解机制中的基础性作用，维护社会和谐稳定，2016 年 1 月 5 日，司法部、中央综治办、最高人民法院、民政部四部门联合发布了《关于推进行业性　专业性人民调解工作的指导意见》（以下简称《意见》）。《意见》进一步确认了推进行业性、专业性人民调解工作的重要意义：推进行业性、专业性人民调解工作，是适应经济社会发展、化解新型矛盾纠纷的迫切需要，是维护群众合法权益、促进社会公平正义的必然要求，是创新社会治理、完善矛盾纠纷多元化解机制的重要内容。《意见》要求在司法行政机关指导下，进一步加强行业性、专业性人民调解组织建设，大力加强行业性、专业性人民调解员队伍建设，大力加强行业性、专业性人民调解工作制度化、规范化建设。

《意见》的发布为全面贯彻落实人民调解法、进一步加强行业性专业性人民调

① 吴志明. 大调解——应对社会矛盾凸显的东方经验[M]. 北京：法律出版社，2012：73.

② 司法部基层工作指导司编：2013 年度司法所、人民调解、安置帮教工作发展报告[R]. 北京：法律出版社，2014.

解组织队伍建设、健全部门间协调配合机制提供了指导性意见。但指导意见不免粗疏,规定无法细化,可操作性不强,也无法解决实践中产生的诸多问题。实践中产生的问题主要有:第一,就性质而言,这类调解组织是属于半官半民性质的调解组织,如何使其坚持民间性和中立性?第二,被吸纳进行业性、专业性调解组织的专业人才、社会精英从事调解工作所花费的机会成本一般而言要高于普通民众,那么该如何平衡志愿服务与收益之间的关系以及如何保持志愿服务的持续性?第三,由于行业性、专业性调解针对的是非传统纠纷,对调解程序和调解手段又有什么要求?对于第一、二个问题,笔者认为通过政府购买服务的形式使国家继续向社会放权、培育社会调解机构或许是一个可行的选择。对于第三个问题,笔者认为调解程序和手段的规范化和理性化是现代纠纷调解的必然趋势。下文将对政府向社会购买调解服务以及调解程序和手段的问题分别予以阐述。

在政府向社会组织购买调解服务、建立新型社会化调解机构方面,上海率先进行了探索实践。"2004年5月12日上午,'人民调解李琴工作室'与上海长宁区江苏路街道签下一纸协议:江苏路街道出资12万元为辖区内6万居民购买专业的民间纠纷调解服务,'李琴工作室'负责承担该街道四成一般纠纷和九成疑难纠纷的调解。这一举措在上海还是第一例。"①中国共产党的十八届三中全会审议通过的《中共中央关于全面深化改革若干问题的重大决定》将创新社会治理体制、加大向社会力量购买服务力度放在更加突出的位置,这就意味着政府购买服务作为一种社会治理机制的创新,已由少数地方先行先试的改革举措上升为一项重要的公共政策。对于什么是政府购买服务,我国理论界莫衷一是,造成了实务中的认识混乱以及操作上的五花八门。有鉴于此,"我国对购买服务做了严格界定,即政府向社会力量购买服务,就是通过发挥市场机制作用,把政府直接向社会公众提供的一部分公共服务事项,按照一定的方式和程序,交由具备条件的社会力量承担,并由政府根据服务数量和质量向其支付费用。"②从国外实践来看,政府向社会组织购买公共服务的工作模式有四种,即根据承接公共服务的社会组织相对于作为购买方的政府部门是否具有独立性,分为独立性购买和依赖性购买。根据购买程序是否具有竞争性,分为竞争性购买和非竞争性购买。在此基础上又分出独立关系竞争性购买、独立关系非竞争性购买、依赖关系竞争性买和依赖关系非竞争性购买。在

① 上海政府向社会购买调解服务[EB/OL]. http://news. sina. com. cn/c/2004-05-14/06032525540s. shtm. l. 访问日期:2015-01-30.

② 王名. 社会组织与社会治理[M]. 北京:社会科学文献出版社,2014:314.

中国实践中较少见到依赖关系竞争性购买,购买模式通常为另外三种(如图5-2所示)①,其中更为普遍的是独立关系非竞争性购买和依赖关系非竞争性购买。从我国政府向社会购买调解服务的实践来看,购买模式基本可归于依赖关系非竞争性购买。“在依赖关系非竞争性购买模式下,政府与社会组织合作随意,社会组织缺乏平等、独立、自主的地位,购买成本高、风险大,购买双方责任模糊,也不利于竞争环境的培育。”②因此,亟须健全相关法律,完善行业准入(退出)机制,完善监督、评估和问责机制,在扩大向社会购买服务空间的同时,改变政府与社会组织合作随意、权责脱节的局面。

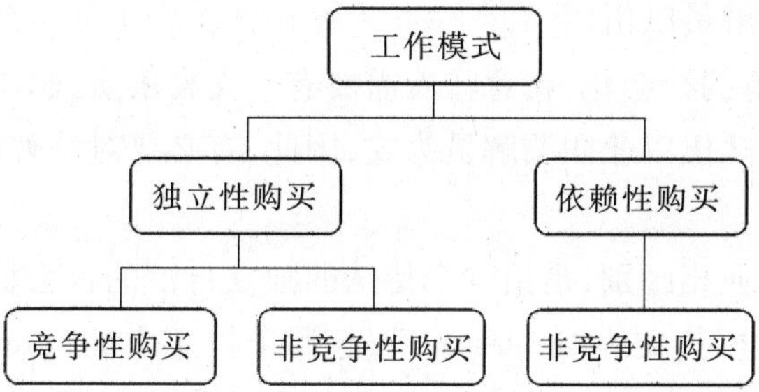

图5-2　中国政府向社会组织购买公共服务工作模式分类

在政府培育现代社会组织的政策推动下,随着社会组织能力的提高,在一些经济发达地区,出现了以将调解等非诉讼业务为核心工作的调解事务所。如青岛市律师调解中心③、上海新闵律师调解事务所④等。实践中有许多律师事务所还设置调解室,引导当事人通过调解化解纠纷。律师和律师事务所展开调解业务,则隐含着走向市场化的商业性调解的可能性。因此,有必要进行相关的实践和理论探索,如建立完备的行业准入机制、改善调解协议书的效力认定程序等,以完善我国的现代社会调解体制。

总之,要发展我国的社会调解,完善社会调解体制,就要充分尊重调解的特殊性,开放和激励调解组织的多元化,并通过具体制度设计予以规制。

① 王浦劬,[美]莱斯特·M·萨拉蒙.政府向社会组织购买公共服务研究——中国与全球经验分析[M].北京:北京大学出版社,2010:19-20.

② 王名.社会组织与社会治理[M].北京:社会科学文献出版社,2014:336.

③ “青岛市律师调解中心”[EB/OL].http://www.tiaojie.org.cn/.

④ “上海新闵律师调解事务所”[EB/OL].http://4369905.71ab.com/.

5.3.4 优化调解员的队伍结构,提高调解员素质

针对当前我国人民调解员的素质无法满足解纷需求的现实,需要按不同类型、不同层次、不同地区的人民调解委员会工作范围的特点和要求,明确各类调解员必须具备的文化程度和法律政策水平。吸引一些热心公益事业、品行良好、有能力、有专业知识、懂法律的高素质人才进入调解队伍,如离退休的法律职业人士、法学专家、法学研究生和其他志愿者,建立起一支老、中、青调解员相结合,专职人员与志愿者相结合的调解员队伍。①

同时,人民调解的社会化,就意味着需要有一支高素质、职业化的调解员队伍。我国当前的调解员队伍以兼职调解员为主,因此,有必要对调解员的职业化建设问题给予足够的重视。

职业与一般行业相区别,是指一个特殊的独立自治的社会群体或阶层。②"职业"一词来自于西方,英文为"profession",起源于拉丁文的"profession",意为共同目标③;中文"职业"是指"个人在社会中所从事的作为主要生活来源的工作"。④从不同的角度,中外学者对职业这一概念有着不同的定义:德国学者韦伯对职业的论述具有宗教与伦理的色彩,他认为:第一,职业的含义是上帝安排的任务;第二,职业是指一种终生的任务,是人们对上帝的承诺;第三,职业是指一种确定的工作领域;第四,所有正规的职业在上帝那里都具有完全等同的价值。⑤ 美国著名的社会学家帕森斯从功能主义的观点出发,认为职业是一般行业的角色群体,其中的从业者发挥着社会所珍视的某种功能,并通过角色活动即职业活动来营生。马建华教授在分析帕森斯对职业定义的基础上,从主体的角度认为,职业就是受过专门教育或训练的、长期从事具有专门业务和特定职责的行业的角色群体。⑥ 陈兴良教授从职业的性质方面指出,职业是指以从事某一特定工作为其基本的生活来源和谋生手段,并进一步强调职业本身具有专门性和稳定性的特征。⑦

职业化是现代社会分工日益专业化的要求和结果,是现代职业发展的一种趋

---

① 徐昕.调解:中国与世界[M].北京:中国政法大学出版社,2013:444.
② 梁永逊.法官职业化研究[D].保定:河北大学硕士学位论文,2011.
③ 最高人民法院司法改革小组.美英德法四国司法制度概况[M].北京:人民法院出版社,2002:71.
④ 现代汉语词典[M].上海:商务印书馆,1980:1458.
⑤ 吴玉章.法治的层次[M].北京:清华大学出版社,2002:96.
⑥ 马建华.法官职业化研究[M].北京:人民法院出版社 2004:1.
⑦ 陈兴良.法官职业化:根据与标志[J].法官职业化建设指导与研究,2004(第1辑).

势，它意味着专门从事某种职业的人们形成独特的知识、技能、思维方式和行为模式。职业化在西方一般认为是一种理念，有两种基本要素，即知识和自治权，它是在自由市场和官僚机构间的一种选择，职业既应独立于社会，又应独立于政府。[①]傅郁林教授认为，“职业化”则意味着一个拥有和运用独特的知识、技能、方法、思维模式和语言文字等同质化的群体，专门以从事某类工作为业，通过向社会提供特定的产品来参与社会资源和利益的分配。[②] 职业化具有以下涵义：(1)职业化是社会关系复杂化和利益多元化的必然要求。“传统社会是农业社会，其特征在于地方群体稳定化、流动空间有限化、职业分化比较简单以及低差异的‘泛能化’。”[③]在传统社会，生产力低下，社会关系比较简单，人与人的交往很少，对利益的需求相对单一、粗糙，社会内部分化程度较低，没有职业化发展的社会条件和利益需求。现代社会，生产力快速发展，科技日新月异，人与人交往日益密切，经济交流、资源互补使得人们的需求更加苛刻、严谨、精细。全球化、知识化的浪潮冲击和世界各国交流、交往的日益广泛深入，现代社会关系呈现出复杂多变的特征，不同主体的利益需求向多元化方向发展，社会结构越来越复杂。社会关系的复杂化和利益的多元化，促使职业化出现和发展成为必然。(2)职业化意味着专业化。职业需要有专门的知识，职业化正是职业向着专门化方向发展的方式和趋势，要求从事某种职业的人们具有独特的知识、技能、思维方式和行为模式，也即是对从事某种职业的人们的专业化要求。每一个从业者在成为一个职业化人员前都必须接受长期的专业知识教育，经过严格而系统的职前训练，并且通过一定的资格考试达到国家认可的业务素质标准，它不仅包括从业者具有专门的职业知识和职业理论，还应具有娴熟的技能、经验和思维方式。现代社会分工的日益精细对所有职业的要求越来越高，其职业化过程就是专业化程度不断提升的过程。(3)职业化是职业寻求自治的过程。职业化的本质是职业者具有共同的技能、思维、行为模式和伦理观念，这就要求职业者在从事职业的过程中要形成一套属于自身的行为规则、准入资格和管理制度，根据自己的内心判断、意愿和理性自由作出决定、采取行为，而不是成为别人意志的工具或他人行为的对象，应尽可能地排除外界因素的干扰和挤压，从而逐步实现职业自治。当然，自治也是相对的，一个职业的长期发展需要与其他行业进行合作交流，更离不开国家权力的保护和支持。

---

① 王剑晖. 论法官职业化[D]. 上海：华东政法学院硕士学位论文，2003.

② 傅郁林. 法官职业化：一个社会分工的视角[J]. 法官职业化建设指导与研究，2004(2).

③ 左卫民，周长军. 变迁与改革—法院制度现代化研究[M]. 北京：法律出版社，2000：22.

顾名思义,调解员的职业化就是让调解员成为一种职业,由具备这一职业所需要的业务素质的人来从事调解,得到与这一职业的工作量和社会贡献相适应的报酬,并按照这一职业的内在规律进行考核和监督。具体包括四个方面的含义:(1)调解员的职业化首先意味着调解是一种有酬劳动;(2)调解员的职业化意味着调解是由具备必要素质的人从事的专业化工作;(3)调解员的职业化意味着调解员是将主要时间和精力投入调解的专职工作人员;(4)调解员的职业化意味着调解员要接受相关部门更加严格的考核与监督。

要促使调解员向职业化方向发展,就需要建立完备的调解员资格认证机制、行业准入机制、人才培养和培训机制、建立专业调解工作者的组织平台等。

5.3.5 调解程序和手段:理性调解

对于各国各时期的调解而言,具有普适性特点的是中立的第三人根据纠纷当事人的利益与需求,协助或者主持当事人就纠纷进行自愿协商从而解决纠纷的活动。调解过程的本质是调解员与当事人之间以及当事人相互之间的一种为了消除分歧、消弭冲突从而达成共识的交涉活动,因此,哈贝马斯的交往理性理论可以为调解程序理性的构建提供一种范式。哈贝马斯的交往理性,本质上是对话性的,体现在交往行为中。这种理性观的特征可以简要概括如下:第一,交往理性是语言性的,交往本身是以语言为媒介的。哈贝马斯认为,语言是主体进行有效沟通、并达成共识的条件。第二,交往理性也是主体间性的,它用主体—主体关系取代了传统的主体—客体关系。在交往过程中,虽然参与交往的各个主体都追求自己的目的,但都遵守这样的前提,即:他们在共同确定的语境中对他们的行为计划加以协调。第三,交往理性是程序性的,交往参与者通过语言,通过讨论达到相互理解。第四,交往理性也是通向民主、和平的一条途径。哈贝马斯主张交往行为者在交往实践中,应通过理想化的语言交往,来达成共识,消除分歧,化解冲突,从而实现生活世界的合理化,以达到自由与解放的目标。① 哈贝马斯批判传统理性,但他并不从根本上否定和摧毁理性,而是把近代的工具理性统摄和包含在交往理性之中,因而,交往理性是一种开放性的、具有包容性的理论。把调解的程序理性建立在交往理性的基础上,就巧妙地化解了程序工具主义与程序本位主义之间的张力,并实现了形式理性与实质理性的统一。笔者认为,调解的程序理性至少应包括以下内容:

① 参见田润锋.哈贝马斯理性研究[D].西安:陕西师范大学博士学位论文,2010:78-79.

1. 保障基本的程序公正。这是当事人认可调解程序、愿意进行协商从而接受调解结果的前提条件。基本的程序公正包括:首先,调解员的中立性,也即调解员与纠纷没有利害关系。同时,调解员也要表现得让当事人相信其是中立的。这就要求调解员在调解过程中要保持客观理性和不偏不倚,不要偏袒或决定任何一方是对还是错,耐心倾听双方的意见。其次,充分告知当事人有关调解程序的事项,使各方主体就调解程序本身达成基本的共识。这些事项通常包括:调解的基本原则;调解员所扮演的角色和所起的作用;调解的主要程序;当事人在调解中所享有的权利。最后,平等地保障当事人的程序性权利。譬如,规定双方当事人轮流发言,使其得以充分地陈述并被耐心地倾听;任何一方都有关于调解程序和调解协议内容的平等的决定权。

2. 保障当事人的程序主体性。当事人在调解程序中的主体性主要表现为当事人的自愿原则,即是否进行调解、是否中止调解程序、是否达成调解协议以及调解协议的具体内容都由当事人自行决定。在我国当前能动司法和"大调解"的背景下,实践中有很多调解员在查清事实后直接给出自己的调解方案,并以各种暗示或潜在的威慑力使当事人接受调解方案。但是,在现代社会中,由于社会主体的个人主义、理性主义以及权利意识的增强,当事人不会心甘情愿地接受对他们而言缺乏正当性和合理性的方案。因此,如果当事人拒绝达成协议,那么调解员的这种对事实进行判断并直接给出调解方案的做法,不但没有达到案结事了,反而会贬损调解程序和调解员的公信力和权威性;如果当事人当时接受了调解方案,由于并非完全自愿,也极有可能会反悔,不履行调解协议并转向其他纠纷解决途径,诉讼抑或是上访等,这就会导致国家资源和社会资源的极大浪费。因此,调解员在提出解决方案时,需取得当事人的授权或依当事人的申请而提出,这是调解方案正当性的保证。

3. 调解程序的合规律性与合目的性的统一。较诉讼程序而言,调解程序具有灵活性和便利性的特点,调解程序的合规律性与合目的性的统一则是指调解员可以根据纠纷的类型特点、当事人的性格特点以及当事人之间的关系等,选择不同的调解模式,以回应当事人的利益和需求,从而妥当且择优地解决纠纷。棚濑孝雄在谈到调解模式时,根据两个功能上的分化轴对调解进行了功能方面的划分。"一个分化轴反映对于调解者来说,解决纠纷的成本和解决内容的性质作为其功能上的性质何者更重要,另一个分化轴则表示调解的基本目标是发现法律上正确的解决还是当事者选择自己所喜好的解决。"根据这两个轴构成的一个坐标,可以将调解从功能上分为判断型、教化型、交涉型和治疗型。棚濑孝雄认为,"每一种模式在合意达成的正当性或有效性方面都有其特有的优势与劣势,任何单一的模式都可能导致合意的贫困化。”①调解是一门艺术,也是一种实践理性,因此,笔者认为调解员可以根据具体案件选择不同的模式,并可依据情势的变化而综合运用不同的模式,从而保证合意的正当性与恰当性。

5.4 本章小结

从国家与社会的角度来看,政府作为一整套官僚体系,其构成和运行应具有一定的内在价值和行为准则,国家与社会的关系也应是在不断冲突、协调与合作中实现的动态平衡。人民调解制度的立法取向是群众性和自治性的,但其运行却是行政化或半行政化的。这种正式权力的非正式运作,不但致使人民调解的性质混乱,也导致了政府主导型人民调解的合法性和正当性的缺失。由于一个社会自组织能力的低下,民众需要政府提供足够纠纷解决途径以定纷止争和救济权利;另一方面,如果政府对社会进行强力控制,就会侵蚀社会体系独立发展的空间和内在动力,进一步削弱社会的自组织能力。因此,在人民调解制度的改革中,一个很重要的方面就是如何处理国家权力在人民调解制度的发展与运行中的位置与责任的问题。

由于经济发展,社会环境、文化传统以及人们的纠纷解决需求的不同,城市地区和乡村地区的人民调解制度的发展呈现出不同的特点,这也构成了我国人民调解制度改革和完善的现实基础。城市地区人民调解的发展特点为:以社区调解为中心的网络化;组织形式及功能的多样化;人民调解的正规化和专业化。农村基层人民调解的运行状况,与当地的经济、社会和文化紧密相关,与城镇地区的人民调解相比而言,农村地区人民调解的整体情况和发展呈现出一些不同的特点,如规范性不强等。

因此,城乡二元社会结构的存在决定了城乡地区纠纷性质、类型的不同,也决定了调解方式和调解依据的不一样。同时,城乡地区解纷需求的不同决定了人民调解发展模式的差异性。

在科技进步和经济全球化的背景下,法律也出现了全球化的趋势。自 20 世纪 70 年代以来,调解制度就已经开始了跨文化、跨国家的传播与交流,对调解制度的移植、输入蔚然成风。各国也认识到,调解制度是可以在全世界范围内通用的一种

---

① [日]棚濑孝雄. 纠纷的解决与审判制度[M]. 王亚新译. 北京:中国政法大学出版社,2004:52-73.

纠纷解决方式,也是一种缓解法律资源匮乏和司法危机的有效方法,因此,各国在纠纷解决的目标设定和程序设计方面彼此借鉴,任何一个国家的调解体制都无法坚守绝对的本土化。同样,在社会转型和全球化的背景之下,中国在输出自己的调解经验的同时,也有必要借鉴世界现代调解经验,完成中国调解制度由传统向现代的转型。本章通过对我国台湾地区、英美法系的美国、大陆法系的法国的调解制度进行介绍,得出的经验与启示为:调解的社会化、行政调解的制度化和规范化以及调解员的职业化等。

在我国人民调解制度的改革中,要解决的根本性问题之一就是国家权力在人民调解制度的发展与完善中应该处于何种位置以及应该承担何种责任的问题。从改革开放30年来中国的治理变迁来看,在纠纷解决领域,国家权力的收缩是大势所趋。此外,随着市场经济的发展,在全球化的冲击下,可以预见,民间调解的社会化和职业化是我国人民调解制度发展的方向。本书认为,人民调解制度的改革愿景为社会调解,也就是由社会力量主持的调解。与当前的政府主导型人民调解相较而言,社会调解具有"脱行政化"的特点,是一种真正的民间调解,是在社会与国家合作基础上的自治型调解。由人民调解迈向社会调解的过程也是国家权力回归社会的过程,是探索现代社会治理的有机组成部分,其可能的路径包括科学定位调解功能、培育多层次、多元化的民间调解组织、调解人员的结构合理化、使调解程序和手段遵循纠纷解决的客观规律等。

结 语

本书通过分析人民调解制度立法与实践的特点，指出了实践中政府主导型人民调解与人民调解之法律定位的背离，并对人民调解缘何行政化予以语境化解读。政府主导型人民调解既不同于规范化、程式化和理性化的诉讼，也不同于注重保障当事人主体性和自愿性的自治型调解。从调解方式而言，我国现阶段的政府主导型人民调解与传统调解方式一脉相承，都属于调解员主导型调解。但政府主导型人民调解作为一种纠纷解决机制，其生产机理和运作逻辑则是策略主义的。笔者认为，我国人民调解制度名实不符、实践背离立法的现状是由多种因素决定的，其中既包括传统文化的延续与行动者的习惯，如"父母官"的"为民做主""厌讼""讨说法"等意识与行动，也包括制度发展变迁过程中的惯性作用，即路径依赖，还包括基于现实的理性选择。

一方面，政府主导型人民调解是我国社会调控模式的路径依赖性使然。权力的组织网络取代权力的文化网络，成为我国国家治理和社会整合的主要载体和方式，既是历史发展逻辑的自然演绎，也是中国国家现代转型的基本脉络。改革开放后，随着利益群体的分化和人们思想观念的变化，意识形态的治理效能衰弱，权力的制度资源贫弱，相对而言，较为经济和快速有效的途径就是通过权力组织网络的建立和完善来整合和控制社会。人民调解组织网络的扩张及其行政依附性，就是组织化调控模式的延续与进一步精致化。

另一方面，从现实条件来看，政府主导型人民调解是维护社会秩序和推进社会平稳转型的需要。这主要体现在四个方面：其一，政府介入民间纠纷有利于整合各种资源，快速有效地平息和解决纠纷；其二，政府主导人民调解是克服转型期制度性障碍的必然要求；其三，正式权力的非正式运作是官僚制遭遇"乡土性"的理性选择；其四，压力型体制形塑了政府主导型人民调解的策略主义逻辑。

政府主导型人民调解既是历史发展逻辑的自然演绎，也是基于现实的理性选择。但随着社会的转型，人民调解制度赖以产生和运行的社会背景业已变迁，政府主导型人民调解不但面临着制度"内卷化"的困境，也导致了司法权威的失落和地方政府社会治理能力的流失等深层次的问题。

经验只能用来理解和解释事实,并不能必然证成价值。我国人民调解制度的形成和发展,都是自上而下推动的结果。人民调解制度的立法取向是群众性和自治性的,但其运行却是行政化或半行政化的。这种正式权力的非正式运作,不但致使人民调解的性质混乱,也导致了政府主导型人民调解的合法性和正当性的缺失。在一个社会自组织能力低下的社会,民众需要政府提供足够多的纠纷解决途径以定纷止争和救济权利。如果政府对社会进行强力控制,就会侵蚀社会体系独立发展的空间和内在动力,进一步削弱社会的自组织能力。因此,在人民调解制度的改革中,一个很重要的方面就是如何处理国家权力在人民调解制度的发展与运行中的位置与责任问题。城乡二元社会结构决定了在城镇地区和农村地区人们对纠纷解决的不同需求,从而也决定了人民调解制度在城乡地区发展的不同模式与阶段。通过对有关国家和地区调解制度的比较和考察,所获得的经验和启示包括:调解的社会化、行政调解的制度化和规范化以及调解员的职业化。

综上,本书认为,我国人民调解制度改革的目标即为从人民调解迈向社会调解。具体而言,在调解功能方面,弱化政治功能,强化解纷功能;在调解组织方面,依托于多层次、多元化的民间组织;在调解队伍方面,人员结构合理化;在调解程序和手段方面,表现为理性调解。其可能的进路则表现为:通过政府购买服务、吸纳社会精英以及整合民间组织,以实现国家和社会在纠纷解决领域的良性合作。

本书以理论与实践相结合、问题与对策相结合的形式,综合运用跨学科知识,通过规范分析和实证分析的研究方法,分析了人民调解制度立法与实践相背离的现状,并在对政府主导型人民调解进行解读与反思的基础上,提出了我国人民制度的改革愿景与路径。由于笔者知识储备和研究能力的有限,本书的观点和论述未免有所片面和谬误,诚望批评指正,以待日后继续研究。最后,笔者还想说明的是,从人民调解迈向社会调解,不仅需要制度的建构和组织的建设,法治权威的彰显,社会的公平、公正、诚信、有序,民众的理性、平和、合作、妥协,都是人民调解制度得以健康、有效运行的制度环境和社会文化环境。对于结构优化、运行良好的多元化纠纷解决机制,心向往之,但愿拙著能对人民调解制度的改革与完善有些许贡献。

参考文献

专著类

[1]常怡.中国调解制度[M].北京:法律出版社,2012.

[2]陈柏峰.乡村司法[M].太原:山西人民出版社,2012.

[3]陈刚.比较民事诉讼法论丛:自律型社会与正义的综合体系[M].陈刚,林剑锋,段文波译.北京:中国法制出版社,2006.

[4]邓正来等.国家与市民社会——中国视角[M].上海:格致出版社,上海人民出版社,2011.

[5]董磊明.宋村的调解:巨变时代的权威与秩序[M].北京:法律出版社,2008.

[6]范愉.纠纷解决的理论与实践[M].北京:清华大学出版社,2007.

[7]范愉.非诉讼纠纷解决机制研究[M].北京:中国人民大学出版社,2000.

[8]范愉.多元化纠纷解决机制与和谐社会的构建[M].北京:经济科学出版社,2011.

[9]范愉,李浩.纠纷解决——理论、制度与技能[M].北京:清华大学出版社,2010.

[10]范愉,史长青.调解制度与调解人行为规范[M].北京:清华大学出版社,2010.

[11]费孝通.乡土中国[M].北京:人民出版社,2008.

[12]冯象.木腿正义[M].北京:北京大学出版社,2007.

[13]顾培东.社会冲突与诉讼机制[M].北京:法律出版社,2004.

[14]《管子》卷三《五辅》.

[15]郭星华.社会转型中的纠纷解决[M].北京:中国人民大学出版社,2013.

[16]何兵.现代社会的纠纷解决[M].北京:法律出版社,2003.

[17]贺海仁.无讼的世界——和解理性与熟人社会[M].北京:北京大学出版

社,2009.

[18]贺立平.让渡空间与拓展空间:政府职能转变中的半官方社团研究[M].北京:中国社会科学出版社,2007.

[19]洪冬英.当代中国调解制度变迁研究[M].上海:上海人民出版社,2011.

[20]侯欣一.从司法为民到人民司法:陕甘宁边区大众化司法制度研究[M].北京:中国政法大学出版社,2007.

[21]胡旭晟.狱与讼:中国传统诉讼文化研究[M].北京:中国人民大学出版社,2012.

[22]扈纪华,陈俊生.中华人民共和国人民调解法解读[M].北京:中国法制出版社,2010.

[23]黄明阳.行政调解机制之比较——以消费争议调解为中心[M].台北:秀威信息科技股份有限公司,2008.

[24]黄宗智.清代的法律、社会与文化:民法的表达与实践[M].上海:上海书店出版社,2001.

[25]黄宗智.过去和现在:中国民事法律实践的探索[M].北京:法律出版社,2009.

[26]黄宗智.长江三角洲小农家庭与乡村发展[M].北京:中华书局,2000.

[27]冀祥德.协商性纠纷解决机制比较研究[M].北京:中国民主法制出版社,2010.

[28]江伟,杨荣新主编.人民调解学概论[M].北京:法律出版社,1990.

[29]姜桂芯.实用民事调解心理学[M].南京:南京大学出版社,1994.

[30]蒋月.人民调解制度的理论与实践[M].北京:群众出版社,1994.

[31]李庆善.中国人新论——从民谚看民心[M].北京:中国社会科学出版社,1996.

[32]李婷婷.社会治理视域下的人民调解[M].北京:人民出版社,2014.

[33]李友梅,肖瑛,黄晓春.社会认同:一种结构视野的分析——以美、德、日三国为例[M].上海:上海人民出版社,2007.

[34]李祖军.调解制度论:冲突解决的和谐之路[M].北京:法律出版社,2010.

[35]梁超德.人民调解学[M].济南:山东人民出版社,1999.

[36]梁治平.清代习惯法:社会与国家[M].北京:中国政法大学出版社,1996.

[37]廖永安.如何当好调解员:中美调解培训启示录[M].湘潭:湘潭大学出版社,2012.

[38][后晋]刘昫等.旧唐书[M].北京:中华书局,1975.

[39]刘江江.人民调解法治新论[M].北京:中国政法大学出版社,2009.

[40]陆春萍.转型期人民调解机制社会化运作[M].北京:中国社会科学出版社,2010.

[41]马建华.法官职业化研究[M].北京:人民法院出版社,2004.

[42]毛泽东.湖南农民运动考察报告.

[43]毛泽东.矛盾论[M].北京:人民出版社,1975.

[44]毛泽东.中国人民大团结万岁[A].建国以来毛泽东文稿(第一册)[M].北京:中央文献出版社,1987.

[45]彭芙蓉,冯学智.反思与重构:人民调解制度研究[M].北京:中国政法大学出版社,2013.

[46]彭宇文,侯江波.基层司法行政工作创新研究[M].北京:社会科学文献出版社,2010.

[47][法]皮埃尔·布迪厄,华康德.实践与反思——反思社会学导引[M].李康,李猛译.北京:中央编译出版社 1998.

[48]强世功.法制与治理——国家转型中的法律[M].北京:中国政法大学出版社,2003.

[49]强世功.调解、法制与现代性——中国调解制度研究[M].北京:中国法制出版社,2005.

[50]清圣祖实录[M].北京:中华书局,1985.

[51]邱星美,王秋兰.调解法学[M].厦门:厦门大学出版社,2008.

[52]瞿琨.社区调解法律制度[M].北京:中国法制出版社,2009.

[53]饶尚宽译注.老子[M].北京:中华书局,2007.

[54]荣敬本等.从压力型向民主合作体制的转变:县乡两级政治体制改革[M].北京:中央编译出版社,1998.

[55]司法部基层工作指导司编.2013 年度司法所、人民调解、安置帮教工作发展报告[M].北京:法律出版社,2014.

[56]宋明.人民调解纠纷解决机制的法社会学研究[M].北京:中国政法大学出版社,2013.

[57]苏力.语境论——一种法律制度研究进路和方法的建构[A].也许正在

发生——转型中国的法学[M].北京:法律出版社,2004.

[58][清]孙希旦撰,沈啸寰,王星贤点校.礼记集解[M].北京:中华书局,1989.

[59]孙立平.现代化与社会转型[M].北京:北京大学出版社,2005.

[60]孙立平.转型与断裂——改革以来中国社会结构的变迁[M].北京:清华大学出版社,2004.

[61]孙立平.现代化与社会转型[M].北京:北京大学出版社,2005.

[62]王名.社会组织与社会治理[M].北京:社会科学文献出版社,2014.

[63]王浦劬,[美]莱斯特·M·萨拉蒙.政府向社会组织购买公共服务研究——中国与全球经验分析[M].北京:北京大学出版社,2010.

[64]王鑫.纠纷与秩序:对石林县纠纷解决的法人类学研究[M].北京:法律出版社,2011.

[65]韦学军.民国时期的荔浦息讼会[A].载中国人民政治协商会议荔浦县委员会文史办.荔浦文史[M].1992.

[66]吴喜之.统计学:从数据到结论[M].北京:中国统计出版社,2006.

[67]吴毅.小镇喧嚣——一个乡镇政治运作的演绎与阐释[M].北京:三联书店,2007.

[69]吴玉章.法治的层次[M].北京:清华大学出版社,2002.

[69]吴志明.大调解——应对社会矛盾凸显的东方经验[M].北京:法律出版社,2012.

[70]萧功秦.与政治浪漫主义告别[M].武汉:湖北教育出版社,2001.

[71]徐昕.调解:中国与世界[M].北京:中国政法大学出版社,2013.

[72]徐昕.论私力救济[M].北京:中国政法大学出版社,2005.

[73]徐昕.迈向社会和谐的纠纷解决[M].北京:中国检察出版社,2008.

[74]徐昕.调解的中国经验[M].厦门:厦门大学出版社,2010.

[75]徐昕.纠纷解决与社会和谐[M].北京:法律出版社,2006.

[76]杨继绳.中国当代社会阶层分析[M].南昌:江西高校出版社,2011.

[77]杨建军.中国近现代刑法进化论纲[M].北京:中国法制出版社,2011.

[78]杨永华,方克勤.陕甘宁边区法制史稿(诉讼狱政篇)[M].北京:法律出版社,1987.

[79]张岱年.中国哲学史大纲[M].北京:中国社会科学出版社,1997.

[80]张晋藩.中国法律的传统与近代转型[M].北京:法律出版社,1997.

[81]张晋藩.中国民事诉讼制度史[M].成都:巴蜀书社,1999.

[82]张晋藩.中国司法制度史[M].北京:人民法院出版社,2004.

[83]张丽琴.乡村社会纠纷处理过程的叙事与反思[M].北京:中国社会科学出版社,2013.

[84]张勤.当代中国基层调解研究[M].北京:中国政法大学出版社,2012.

[85]张树义.纠纷的行政解决机制研究——以行政裁决为中心[M].北京:中国政法大学出版社,2006.

[86]张希坡.革命根据地法制史[M].北京:法律出版社,1994.

[87]张希坡,韩延龙主编.中国革命法制史(上)[M].北京:中国社会科学出版社,1987.

[88]张延灿.调解衔接机制理论与实践[M].厦门:厦门大学出版社,2008.

[89]张燕婴译注.论语[M].北京:中华书局,2007.

[90]张永和.大邑调解[M].北京:法律出版社,2011.

[91]长鸣.人们调解故事集[M].北京:法律出版社,1984.

[92]郑建银.镇平县三十年代的息讼会[A].载中国人民政治协商会议镇平县委员会文史资料委员会编.镇平文史资料第16辑政法专辑[M].2000.

[93]《中国法律年鉴》2000－2013年各卷.

[94]中国社会科学院近现代史研究所、安源工人运动纪念馆编.刘少奇与安源运动[M].北京:中国社会科学出版社,1981.

[95]朱景文.中国人民大学中国法律发展报告.2011[M].北京:中国人民大学出版社,2011.

[96]朱景文.中国人民大学中国法律发展报告2012——中国法律工作者的职业化[M].北京:中国人民大学出版社,2013.

[97][澳]娜嘉·亚历山大(Alexander,N.)著.全球调解趋势[M].王福华译.北京:中国法制出版社,2011.

[98][德]马克斯·韦伯.经济与社会[M].阎克文译.上海:上海人民出版社,2010.

[99][美]昂格尔.现代社会中的法律[M].吴玉章等译.北京:中国政法大学,1994.

[100][美]布鲁斯·L·本森.没有政府的正义:中世纪欧洲商人法庭及其现代版本[A].徐昕,徐昀译,史际春,邓峰.经济法学评论(第三卷)[M].北京:中国法制出版社,2002.

[101][美]杜赞奇.文化、权力与国家——1900－1942年的华北农村[M].王福明译.南京:江苏人民出版社,1996.

[102][美]吉尔伯特·罗兹曼.中国的现代化[M].国家社会科学基金"比较现代化"课题组译.南京:江苏人民出版社,2010.

[103][美]莱斯特·M·萨拉蒙.公共服务中的伙伴——现代福利国家中政府与第三部门的关系[M].田凯译.北京:商务印书馆,2008.

[104][美]李约瑟.李约瑟文集[M].沈阳:辽宁科学出版社,1986.

[105][美]罗斯.社会控制[M].秦志勇等译.北京:华夏出版社,1989.

[106][美]迈克尔·D·贝勒斯.程序正义[M].邓海平译.北京:高等教育出版社,2005.

[107][美]诺斯.制度、制度变迁与经济绩效[M].杭行译.上海:格致出版社,2008.

[108][美]庞德.通过法律的社会控制:法律的任务[M].沈宗灵等译.北京:商务印书馆,1984.

[109][美]斯蒂芬·B·戈尔登堡等.纠纷解决——谈判、调解和其他机制[M].蔡彦敏等译.北京:中国政法大学出版社,2004.

[110][美]唐·布莱克.社会学视野中的司法[M].郭星华等译.北京:法律出版社,2002.

[111][美]W.理查德.斯各特.组织理论:理性、自然和开放系统[M].黄洋等译.北京:华夏出版社,2002.

[112][日]高见泽磨.现代中国的纠纷与法[M].何勤华,李秀清,曲阳译.北京:法律出版社,2003.

[113][日]棚濑孝雄.纠纷的解决与审判制度[M].王亚新译.北京:中国政法大学出版社,2004.

[114][英]罗伯茨等.纠纷解决过程——ADR与形成的主要形式[M].刘哲玮等译.北京:北京大学出版社,2011.

论文类

[1]艾佳慧."大调解"的运作模式与适用边界[J].法商研究,2011(1).

[2]陈柏峰.从乡村社会变迁反观熟人社会的性质[J].江海学刊,2014(4).

[3]陈瑞来,肖卜文.清代官批民调制度政治分析——以"黄岩诉讼档案"为考

察中心[J].广东教育学院学报,2009(2).

[4]邓春梅.人民调解司法确定制度的正当性反思[J].湘潭大学学报(哲学社会科学版),2014(6).

[5]董小红.民间纠纷变化对人民调解制度的挑战[J].湖北社会科学,2011(6).

[6]董小红.和谐社会语境下的人民调解制度研究[D].武汉:华中师范大学博士学位论文,2011.

[7]段思明.人民调解指导工作应予巩固完善[J].福建法学,2003(1).

[8]范愉.《中华人民共和国人民调解法》评析[J].法学家,2011(2).

[9]范愉.人民调解与我国台湾地区乡镇市调解的比较研究[J].清华法学,2011(1).

[10]范愉.多元化协商性纠纷解决机制研究[A].协商性纠纷解决机制比较研究[M].冀祥德主编.北京:中国民主法制出版社,2010.

[11]范愉.社会转型中的人民调解制度——以上海市长宁区人民调解组织改革的经验为视点[J].中国司法,2004(10).

[12]范志海.论中国制度创新中的"内卷化"问题[J].社会,2004(4).

[13]费孝通.重读《江村经济·序言》[J].北京大学学报(哲学社会科学版),1996(4).

[14]韩波.人民调解:后诉讼时代的回归[J].法学,2012(12).

[15]韩延龙.我国人民调解工作的三十年[J].法学研究,1981(2).

[16]何文燕,张庆霖.社会转型期人民调解制度面临的挑战与进路[J].湘潭大学学报(哲学社会科学版),2014(6).

[17]贺东航,孙敬良.基层治理视阈中的乡村人民调解制度——以一个村庄人民调解文本为例[J].社会主义研究,2015(04).

[18]洪冬英.论大调解格局下的人民调解制度定位[J].河南财经政法大学学报,2013(4).

[19]胡辉.人民调解协议的司法确认程序初探[J].石河子大学学报(哲社版),2011(5).

[20]胡军辉.论人民调解司法确认文书的形式[J].湘潭大学学报(哲学社会科学版),2014(6).

[21]胡旭晟,夏新华.中国调解传统研究——一种文化的透视[J].河南省政法管理干部学院学报,2000(4).

[22]季卫东.调解制度的法律发展机制——从中国法制化的矛盾情境谈起[A].易平译.调解、法制与现代性——中国调解制度研究[M].北京:中国法制出版社,2005.

[23]江必新,邵长茂.社会自组织管理的司法应对[J].行政法学研究,2010(4).

[24]江伟,廖永安.简论人民调解协议的性质与效力[J].法学杂志,2003(2).

[25]李冰.湖南省"三调联动"工作机制的考察与思考[J].中国司法,2008(8).

[26]李钢.社会转型刍议[J].北京邮电大学学报(社会科学版),2001(1).

[27]李浩.调解的比较优势与法院调解制度的改革[J].南京师大学报(社会科学版),2002(4).

[28]李路路."单位制"的变迁与研究[J].吉林大学社会科学学报,2013(1).

[29]李松锦.论转型期政府社会治理能力建设[D].福州:福建师范大学硕士学位论文,2008.

[30]李婷婷."兜底"的调解者——转型期中国冲突管理的迷局与逻辑[J].社会主义研究,2012(2).

[31]李喜莲.人民调解制度发展的瓶颈和对策[J].湘潭大学学报(哲学社会科学版),2014(6).

[32]栗峥.中国乡村的纠纷图景及其调解困境[J].西北师大学报(社会科学版),2013(2).

[33]梁宏辉.人民调解的监管机制研究[D].湘潭:湘潭大学博士学位论文,2013.

[34]梁永逊.法官职业化研究[D].保定:河北大学硕士学位论文,2011.

[35]廖永安,侯元贞.论我国调解模式的变迁[J].湘潭大学学报(哲学社会科学版),2014(6).

[36]廖永安,侯元贞.发展社会调解的现实意义[N].光明日报,2014-7-1.

[37]刘军平.论中国传统情理审判中的调处和息[J].湘潭大学学报(哲学社会科学版),2014(6).

[38]刘儒升.两岸城市基础组织体制比较研究——以居民委员会与里为例[D].花莲:台湾东华大学硕士学位论文,2009.

[39]刘中华,孙杰.民间调解司法指导问题研究[J].山东审判,2007(6).

[40]刘钟琴.人民调解协议司法确认程序的反思与构建[J].研究生法学,

2011(5).

[41]路风.单位:一种特殊的社会组织形式[J].中国社会科学,1989(1).

[42]罗浩波.中国社会核心价值体系百年缺失的哲学反思[J].探索,2011(5).

[43]欧阳静.策略主义与维控型政权[D].武汉:华中科技大学博士学位论文,2010.

[44]覃斌武.中美调解法律评估方法之比较研究[J].湘潭大学学报(哲学社会科学版),2014(6).

[45]人民调解杂志社编委会.〈人民调解法〉解读[J].人民调解,2011(4).

[46]申端锋.维权与治权[D].武汉:华中科技大学博士学位论文,2009.

[47]孙立平.消除"不稳定幻象"[J].乡音,2008(6).

[48]孙立平.社会转型:发展社会学的新议题[J].开放时代,2008(2).

[49]孙立平,郭于华."软硬兼施"——正式权力非正式运作的过程分析——华北B镇订购粮收购的个案研究[A].清华社会学评论特辑[M].厦门:鹭江出版社,2000.

[50]唐海华."压力型体制"与中国的政治发展[J].中共宁波市委党校学报,2006(1).

[51]唐皇凤.社会转型与组织化调控[D].上海:复旦大学博士学位论文,2006.

[52]唐皇凤."中国式"维稳:困境与超越[J].武汉大学学报(哲学社会科学版),2012(5).

[53]温丙存.人民调解何以成为维稳最前沿——基于贵州桐乡的法律人类学考察[J].中国农业大学学报(社会科学版),2016(02).

[54]王春娟.科层制的涵义及结构特征分析——兼评韦伯的科层制理论[J].学术交流,2006(5).

[55]王福华.中国调解体制转型的若干维度[J].法学论坛,2010(6).

[56]王俊娥.制约人民调解制度发展的理论问题[J].济南大学学报(社科版),2011(6).

[57]王珂.行政监管职权配置研究[J].湖南社会科学,2012(3).

[58]王禄生.地位与策略:"大调解"中的人民法院[J].法制与社会发展,2011(6).

[59]王亚新.〈民事诉讼法〉修改与调解协议的司法审查[J].清华法学,2011

(3).

[60]肖文涛.社会治理创新:面临挑战与政策选择[J].中国行政管理,2007(10).

[61]肖文涛.能力建设:现代地方政府面临的时代课题[J].理论探讨,2005(3).

[62]肖扬.人民法院应加强对人民调解工作的支持与指导[J].中国司法,2004(3).

[63]许庆永.中国传统社会的调解模式:以国家公权力介入程度为中心的分析[J].湖北行政学院学报,2013(5).

[64]宣炳善."大传统"与"小传统"的学术意义[J].社会科学报,1998(11).

[65]杨华.政府兜底:当前农村社会冲突管理中的现象与逻辑[J].公共管理学报,2014(2).

[66]杨雪冬.压力型体制——一个概念的简明史[J].社会科学,2012(11).

[67]叶谷霖.充分发挥人民调解工作为建设社会主义服务的作用[J].政法研究,1964(4).

[68]于冠波.地方司法行政机关履行对人民调解工作指导职能之思考[J].中国司法,2011(6).

[69]俞可平.中国治理变迁30年(1978-2008)[J].吉林大学社会科学学报,2008(3).

[70]占锦.两岸调解制度之比较[N].人民法院报,2002-3-20.

[71]张继平."大调解"组织间替代性实践——以G省Z市为例[D].上海:上海大学博士学位论文,2013.

[72]张康之.社会治理中的价值[J].国家行政学院学报,2003(5).

[73]张卫平.人民调解:完善与发展的路径[J].法学,2002(12).

[74]张永进.传统与超越:人民调解协议司法确认制度再解读[J].实事求是,2011(1).

[75]张玉林.中国的职业阶层与高等教育机会[J].北京师范大学学报(社会科学版),2005(3).

[76]赵刚.人民调解协议的效力辨析及其程序保障[J].法学,2011(12).

[77]郑杭生,杨敏.当前我国社会矛盾一些值得关注的动向——一种社会实践结构性变化的新视角[J].学术前沿论丛,2006.

[78]曾令健.社会变迁中的"大调解"[A].厦门大学法律评论(总第二十一

辑)[M].厦门:厦门大学出版社,2013.

[79]曾令健.承继·契合·沟通——结构主义视角下的人民调解[J].当代法学,2009(6).

[80]曾令健.社区调解中的合作主义——基于西南某市调研的分析[J].法制与社会发展,2012(2).

[81]曾宪义.关于中国传统调解制度的若干问题研究[J].中国法学,2009(4).

[82]周望.转型中的人民调解:三个悖论[J].社会科学,2011(10).

[83]周永坤.论强制性调解对法治和公平的冲击[J].法律科学(西北政法学院学报),2007(3).

[84]朱仁显,邬文英.从网格管理到合作共治——转型期我国社区治理模式路径演进分析[J].厦门大学学报(哲学社会科学版),2014(1).

英文资料

[1]Apter,David Ernest, 1965. The politics of modernization. Chicago; London: University of Chicago Press.

[2]Stanley Lubman. Mao and Mediation: Politics and Dispute Resolution in Communist China[J]. California Law Review, 1967. Vol. 5. 1338.

[3]Gallaghar, MaryE . 2006. "Mobilizing the Law in China: 'Informed Disenchantment' and the Development of Consciousness". Law & Society Review, Vol. 40. 783.

[4]Geertz, Clifford, Agriculture Involution. the Process of Ecological Change in Indonesia, Berkeley, Calif. : University of California Press, 1963, pp. 82.

[5]Jerome A. Cohen: "Chinese Mediation on the Eve of Mediation", California Law Review Vol. 54(1996). P. 1201.

[6] Andrew Heywood. Politics: Second Edition. New York: Palgrave Macmillan. 2002.

[7]Jerome T. Barrett, Joseph P. Barrett. A history of alternative dispute resolution: the story of a political, culture, and social movement [M]. San Francisco: Jossey - Bass, A Wiley Imprint, 2004. pp. 111 - 208.

[8]Gulliver PH: Dispute and Negotiation: A Cross - Cultural Perspective [M].

New York and London: Academic Press, 1979. pp. 200 - 225.

[9]Simmel G: The Sociology of Georg Simmel[M]. edited by K Wolff Illinois: Free Press , 1950. (originally 1908). pp. 138 - 152.

[10] Tilet, G. , Resolving Conflict - A Practical Approach, Sydney University Press, Sydney, 1991.

[11] Dennis Young, Alternative Models of Government - nonprofit sector Relations: Theoretical and International Perspectives, Nonprofit and Voluntary sector Quarterly, 2000,29(1).

[12]lan Bartle, Peter Vass. self - regulation within the Regulatory state: Towards a New Regulatory paradigm, Public Administration,2007,85(4).

[13]Alexander, N. , Global Trends in Mediation(Second Edition), Kluwer Law International 2006. [5] America Bar Association, Legislation On Dispute Resolution: Federal and States Laws and Initiatives Pertaining to ADR 75(1990).

[14]Spencer, D. & Brogan, M. , Mediation Law and Practice, New York: Cambridge University Press, 2006.

后 记

本书是基于我的博士论文修改和整理而来。在为期四年的脱产攻读博士学位期间,我蒙受了太多的关爱和帮助,在此,我想要对曾经关爱和帮助过我的亲朋好友表达我诚挚的谢意。

感谢我的博士生导师廖永安教授。四年前,廖老师不嫌学生才疏学浅,将我招入其门下。廖老师给予我多次参加调解培训和实证调研的机会,使我拥有了扎实的实证资料以研究人民调解制度;在实证调研的基础上,廖老师通过多次的讲授和探讨,使我得以发现我国当下人民调解制度运行中存在的问题,并最终使博士毕业论文的选题得以确定。在论文的写作过程中,从选题到论文的组织架构,乃至时间进度的安排,廖老师都给予了悉心的指导和帮助。尤其在小论文的写作与发表中,老师的指导甚至细致到具体内容的安排和词句的运用。简而言之,四年期间前进的每一步和取得的每一份成就,都凝结着廖老师的智慧与心血。除学识渊博、治学严谨以外,廖老师对学生的关心和体恤也让同为教师的我自叹不如,他既关心学生的学习,也会像家人一样关心学生的生活。老师的学养与品格,是我一辈子学习的榜样。

感谢我的硕士生导师杨翔教授。杨老师学识渊博,为人内敛、谦和,且颇具人文情怀。杨老师就像一泓清泉,一缕清风,总在无声无息处启发着学生,并以他特定的方式给予学生关心和支持。这份师恩师情,学生将没齿难忘。

感谢恩师何文燕教授。是何老师将我带进民事诉讼法学的知识殿堂,何老师给我们上课的点点滴滴以及对我的鼓励,我都铭记在心。何老师为人正直,学识渊博,让人敬仰,也始终是我学习的楷模。

感谢我的老师王国征教授、李蓉教授、黄明儒教授、郭树理教授等在论文开题、预答辩中给予的指导。感谢吴勇教授、刘友华教授、刘军平教授、王奎教授、胡军辉教授、李喜莲教授、姜霞副教授、邓春梅副教授、覃斌武博士等长期以来的关心和支持。感谢陈叶老师、言文静老师、黄婷老师等在研究生培养和管理中所付出的辛勤劳动。

感谢湖南理工学院政法学院的陈建军教授、赖换初教授、左平良教授、高其荣教授、喻永红副教授、夏尊文副教授、程琳老师等所有领导和同事对我的关心和支持。其中,夏尊文副教授给我在北大搜集的会议内部资料,在我网络不通时给我下载的文献资料,对我的论文写作都具有重要的启发意义。程琳老师陪我去医院看急诊的点点滴滴,现在回想起来仍让我无比感动与感恩。

感谢刘方勇博士、张庆霖博士、杨秀清博士、李林启博士、李芬芬博士、熊英灼博士、易玲博士、吕宗澄博士、张宝成博士、雷勇博士、陈道勇、谢蔚珍、王雪石子、滕拓、王是知、周粱、聂莹子、饶汝啸、刘乐、张莹、杨超、段明、戴党平等各位同窗,他们对我的帮助和我们之间的友谊我都铭记在心。其中,庆霖的能干和热心给我生活和学习上提供了很大的帮助,尤其是在资料的查找和电子书的制作方面,不但为我节省了大量跑图书馆借还书籍的的时间,也为我提供了大量的现在既买不到也难以借阅的书籍。在校期间,秀清和我常常在一起做饭吃,一起欢淘校园里的地摊货,一起谈小说和电影,有她相伴,读博的前三年多了许多快乐与色彩。刘乐在她自己忙于论文写作的时候,抽时间给我校对论文,并时常给我发些幽默段子,以缓解我的压抑感和调动我的写作情绪。

感谢向青春、刘乘风、肖三妹、文丽红、黄红润、李叶君、黄启祥、莫华新、唐懿、莫剑涛、李茂华、陈历民、陈中永、邓焱、陈小杉、张歆、邓郁清、冯晔、邓晔、阳永恒等一帮老朋友、老同学的帮助与支持。感谢他们到湘潭来看望我,请我吃饭,陪我放松。感谢青春与乘风。我们多年来的友情,使我们不是亲人已胜似亲人,这些年来她们对我的关心与帮助,我终生难以回报。感谢丽红、红润、启祥、华新。当我想玩的时候,一个电话打给他们,无论是在同城还是在异地,也无论他们有多忙,都会赶来陪我,这让我无比感动,也很幸福。感谢小杉。在我考博的过程中,我的食宿、交通等她一应全包,同时,她也是我的重要"智囊",每次碰到实务上的问题,第一个想到的总是她。感谢邓焱。她源源不断的物质鼓励、智识启发和精神激励,是我读博期间的重要乐趣之一,感谢她在忙于工作和房子装修的时候给我修改论文。她那太湖水畔可以抬头看云、低头看鱼的"藏书阁"是我孤寂困扰之时的美好想象,她的"快乐读书"也激励着我为读书而读书。总之,因为有他们,重回学生时代成了我心安理得地索取和接受的理由,这种装孩子被照顾的感觉让我很幸福。

感谢我的先生陶家友。他在自己要完成学业的同时,总是尽可能多地来照顾我,并帮我搜集资料、翻译资料、制作图表等。感谢我的小孩陶芝羽。陶芝羽小朋友不在爸爸妈妈身边也能健康快乐地成长,这是对我最好的支持,也是我最大的慰藉与动力源泉。感谢我的妈妈、公公、婆婆以及所有的兄弟姐妹。感谢他们这么多年来对我远离家乡求学,无法完成为人子、为人妻、为人母的责任和义务时的理解和帮助,感谢他们在生活上的关心和照顾,精神上的理解、支持和鼓励。亲人的恩情如山似海,我唯有好好工作、好好生活,这才是对他们最好的回报。

感谢这四年光景。在论文写作过程中,那思绪胶着时的徘徊与困顿,那灵感突袭时的欣喜与激动,如今仍历历在目。攻读博士学位是一个磨砺与沉淀结合、痛苦与快乐交织、辛苦与享受并存的过程,期间所经历的一切,都将汇成我人生旅途中的一幅美丽画卷。因此,过程重于结果。

最后,感谢湘潭大学出版社的刘文情编辑在出版过程中所付出的时间和精力。

文字有限,情谊无边,未尽之感谢,我都铭记在心。衷心祝愿各位师长、同学、亲人、好友万事如意！喜乐平安！

侯元贞

2016 年 7 月

图书在版编目(CIP)数据

社会转型期人民调解制度研究：以人民调解的行政化为分析重点 / 侯元贞著. 一湘潭：湘潭大学出版社，2016.9

ISBN 978-7-5687-0004-7

Ⅰ.①社… Ⅱ.①侯… Ⅲ.①民事纠纷—调解(诉讼法)—研究—中国 Ⅳ.①D925.114.4

中国版本图书馆 CIP 数据核字(2016)第 230862 号

社会转型期人民调解制度研究：
以人民调解的行政化为分析重点

侯元贞 著

责任编辑：刘文情
装帧设计：刘 峰 刘 娟
出版发行：湘潭大学出版社
社 址：湖南省湘潭市 湘潭大学出版大楼
电话(传真)：0731-58298966 邮编：411105
网 址：http://press.xtu.edu.cn
印 刷：长沙鸿和印务有限公司
经 销：湖南省新华书店
开 本：787×1092 1/16
印 张：11
字 数：190 千字
版 次：2016 年 9 月第 1 版
印 次：2016 年 9 月第 1 次印刷
书 号：ISBN 978-7-5687-0004-7
定 价：28.00 元

